売れる販売スタッフはここが違う

進 麻美子

同文舘出版

本書を推薦します

経営について語るとき、よく「人・物・金」と言われますが、近年はことさら、人間力の重要性が問われる時代と言っていいでしょう。人間性も含めたその人となり、または「あり方」を伝えることが、営業力・接客力についても重視すべきであると考えております。

本書は、船井総合研究所の若手女性コンサルタントである進麻美子が、接客についてのさまざまな考え方を著わしたものですが、どうしたら仕事、ひいては日々の人生が楽しくなるかといった視点から、二〇代の女性ならではの想いをこめて書き上げたものです。

実は、彼女は新卒入社ではなく、約三年間、私のコンサルティング先の宝石店に、大学を卒業後すぐに入社し、現場で揉まれ、泣き、笑い、そしてひととおりの経験を積んだ後、船井総研に応募してきました。

彼女については、強く印象づけられた出来事があります。

ある勉強会の後、彼女から、自店と競合店を比較調査した「ツキの商品管理表」と書かれたレポートを渡されました。そこでまず驚かされたことは、そのB四のレポート用紙に書かれたものが、五〇ページを超えていたことです。

内容としては、素人臭かったりマニアックな部分もありましたが、まとめる力と仕事の後にコツコツとまとめた、その根気に敬意を表したことを覚えています。

後日、感想とほめ言葉を伝えると、さらに「びっくり」に出会うことになりました。その後、毎月五〇ページを越えるレポートを私に送り続けるようになったのです。

もちろんそのレポートは、勤め先のトップ・本部長に見せ、店舗活性化に使うことが一番の目的だったことは言うまでもありません。

彼女はもともと、分析力はすばらしいものを持っていましたが、仕事以外に、毎晩のレポート作成の日々が三年も続きました。

やがて、彼女はコンサルタントという仕事に興味を持ち、私の仕事に憧れを抱くようになっていったようです。

ですから突然、「勤め先を辞めて、船井総研の入社試験を受けたい」という意思があることを部下から聞かされたときは、たいへん驚いたのとコンサルティング先のオーナーに失礼なことをしたというか、たいへん申し訳ない気持ちになりました。

その後、彼女が試験を受ける前に彼女の勤め先のオーナーに会いに行き、事情を説明申し上げてご理解をいただき、入社試験の運びとなりました。

入社前、私が彼女に言っていたことは、「船井の社員は、君よりはるかに優秀だ。憧れだけでは長続きしない。まず三年間は基礎からしっかりと勉強し、会社の中でも一、二を争うほど、仕事と勉強を続けていかないとモノにはならない。その覚悟があるか。それを私と約束できるか」と厳しく言いました。その約束は、どうやら地道に守ってくれているようです。

あれから三年、どうにか一人前の入口に立ち、今回、書籍を出版するまでになりました。

現場に三年立ち、船井総研で現場型コンサルタントとして、やっと三年が過ぎたところですが、本書は、基本と経験とコンサルタントとしての分析、現場に基づいてまとめられています。活気ある若々しい会社をつくっていくためにも、本書が読者のみなさまのお役に立つことを願ってやみません。

株式会社　船井総合研究所
代表取締役社長
小山政彦

はじめに

私は㈱船井総合研究所に入社する前、宝石店の販売スタッフとして働いていました。販売スタッフからコンサルティング会社に転職したので、周囲からは「すごく売ってたんじゃないの?」と言われることがよくあります。期待を裏切るようで申し訳ないなと思いつつ、そう聞かれたら私は、こう答えるようにしています。

「販売スタッフ時代の私ときたら、ドジで要領が悪く、おまけに販売力は自慢できるものではありませんでした。そんな私でしたが、お客様と接することは大好きでした。売れたらうれしい、売れなかったら悲しいと、いつも一喜一憂していました。

でもあるとき、売れる・売れないと自分中心に考えるより、せっかくお店に来ていただいたお客様に、どうしたらもっと、お店を、商品を、そして私自身を使って楽しんでいただくことができるのだろうか、と視点を変えてみたのです。

そうすると自然に肩の力が抜けて、純粋な気持ちで接客を楽しむことができるようになったのです」

船井総研に入社して三年たちますが、日々のコンサルティング活動や接客研修を通して、たくさんの販売スタッフの方々と出会うことによって、私自身学ばせていただく機会が多々あります。

販売力のあるスタッフから学んだ売上アップのための接客テクニックや、お店を運営する上でのスタッフ同士のチームワークへの落とし込みなど、現場の方々とともにお店をもっとよくするための施策を考え実践していく中で、「接客販売」というものを体系的にまとめることができました。

私自身、「接客販売」とは、「お客様が探しているものを、楽しく一緒に探してあげること」ととらえています。そのためには、販売スタッフ自身が接客を楽しんでいないと、お客様を楽しませることはできないと思っています。

しかし、現場の販売スタッフの方々の話を聞くと、接客の楽しみ方を知らない人が意外と多いようです。

それもそのはずで、接客の楽しみ方というものは、誰かが教えてくれるというものではないからです。


本書では、商品の売り方の手法も含め、サービス業の方にも通じる「接客の楽しみ方」を中心にご紹介させていただいています。

いろんなお客様との出会いの中で、喜んだり、悲しんだり、泣いたり、笑ったり、反省したり、勇気づけられたりしている販売スタッフのために、リアルで即実践できる接客の楽しみ方をお伝えしたい！　という思いからこの本を書きました。
オンリーワンの接客を提供していくためには、あなた自身がお客様にとってオンリーワンの販売スタッフになることが大事であることに気づいていただければ幸いです。

最後に、この本を世に出してくださった、同文舘出版㈱の古市達彦氏、㈲経営コンサルティングアソシエーション代表取締役・宮内亨氏、前職で私を支えてくださった㈱ジュエルセブンの皆様、いつも元気なスタッフの方々が多くのパワーをくださる㈲みさ和の皆様、いつもあたたかく見守ってくださる、㈱船井総合研究所の小山政彦社長、数多くのアドバイスをいただいた井手聡氏、そして、私自身の接客の経験を仕事に活かせるように体系化してくださったリーダー宇都宮勉氏に、言葉にならないほどの感謝を贈らせていただきます。

船井総合研究所　進　麻美子

売れる販売スタッフはここが違う◎もくじ

Chapter-2

Your worry is solved

これでスッキリ！　販売スタッフのお悩み解消法

Chapter-3

ズバリ解説！　あなたもこうすれば売れる販売スタッフになれる

To acquire power to sell

トレーニング編

テクニック編

Chapter-4

接客を公式に落とし込む！

Low is serving

「接客」を考える

「接客」を数字に落とし込む

Chapter-5

To make it to a unique shop
「オンリーワン」のお店はこうつくる

装丁◎新田由起子
本文イラスト◎広浜綾子
ＤＴＰ◎ムーブ（武藤孝子）

Chapter-1

「接客」を楽しもう！

Let's Enjoy Serving

11 「接客」は、お店を表現する一番商品です

あなたは、お客様と接することが好きですか？

接客という仕事を選んだあなたですから、きっとお客様のことが大好きで、お店の商品も大好きで、働いているお店のことも、とても愛しているのではないかと思います。

どうしたら、もっとお客様に喜んでいただくことができるのか、もっと売上を上げていくためにはどうしたらいいのか、スタッフが一丸となってお店をよくするためには、自分は何をしたらいいのか、を毎日ひたすら考えているのではないでしょうか。

現在、小売業においても、サービス業においても、そして医療業界においても、現場スタッフの「接客の力」が大きく注目されています。

その理由として、多くの業種が市場のライフサイクル上、成熟期を迎えているということがあげられます。

つまり、商品や売場の演出で差別化を図るのがむずかしくなっているのです。その

ため、多くの業界では価格を安くしてお客様を引き寄せています。

しかし、安売りで利益を削らなくても、お客様を呼び寄せる、とっても簡単な方法があるのです。

そうです。それはあなたにしかできない「接客」で、ほかのお店とはちがう魅力をお客様に与えることです。あなたの接客でお客様が満足し、あなた自身のファンになり、あなたから接客されたい、あなたから買いたい、と言っていただけるようになることで

■あなたの接客で、みんなが幸せに

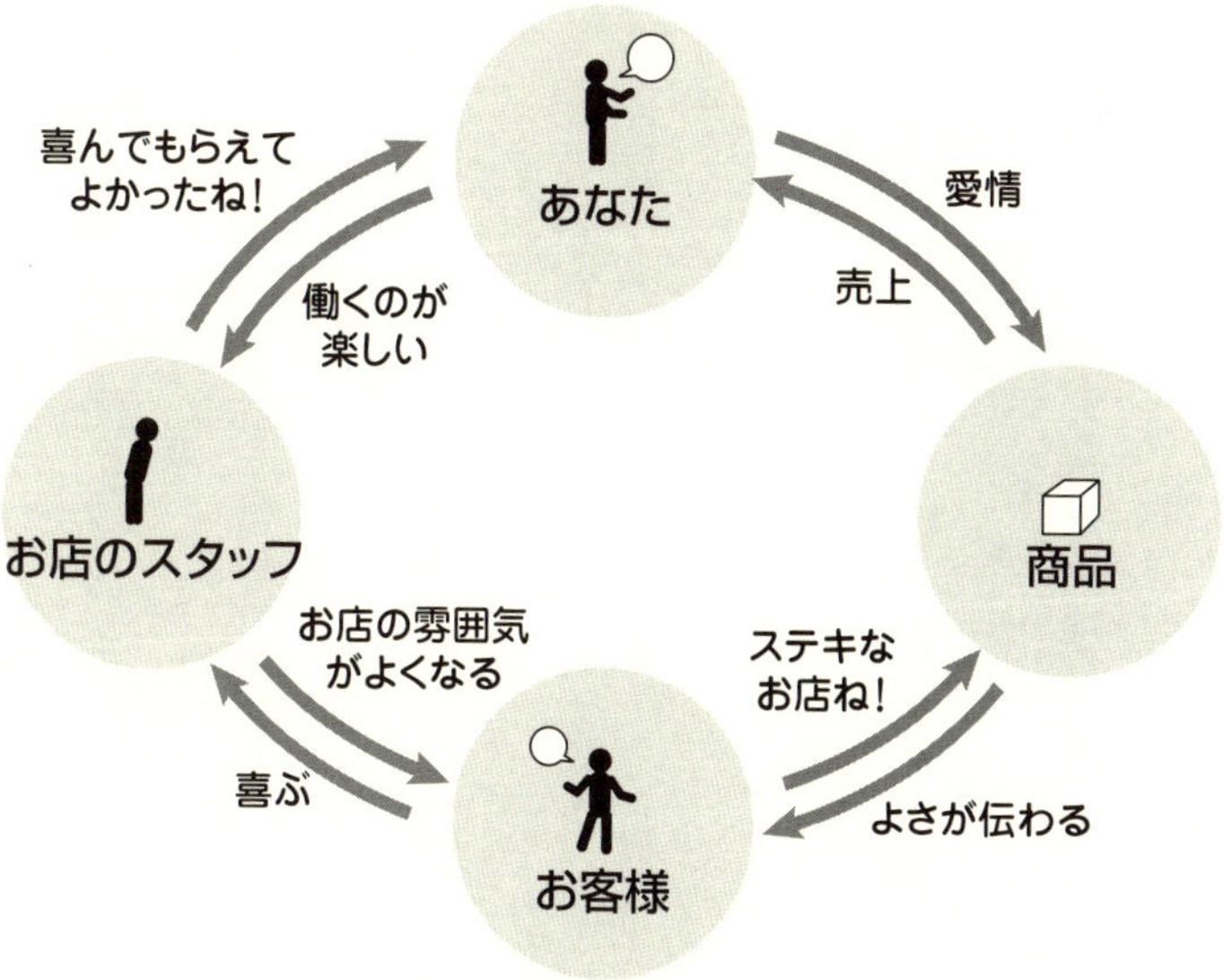
あなた
愛情
売上
商品
ステキなお店ね！
よさが伝わる
お客様
お店の雰囲気がよくなる
喜ぶ
お店のスタッフ
喜んでもらえてよかったね！
働くのが楽しい

す。接客の魅力でお客様との信頼関係を築けたなら、お客様は価格の安さだけでお店を選ぶ、といったことはしなくなります。なぜなら、お客様は商品の魅力というより、あなたの魅力に惹かれて来店するようになるからです。

そのお店の目玉商品を「一番商品」といいますが、本当の一番商品はあなたです。

世の中には、はやるお店もあれば、はやらないお店もあります。これは「お客様」という最も公正な審判員が下している答えです。はやっているお店のスタッフは「接客が好きでたまらない」と顔に書いてあるほど楽しそうに売場に立っています。

あなたにしかできないオンリーワンの接客で、お客様に喜んでいただくため、そしてあなた自身がもっと接客を楽しむために、より実践的な接客手法を、一緒に考えていきましょう。

◎あなた自身の接客の魅力で、お客様をお店に呼び寄せることができる

◎お店がはやるかはやらないかは、あなた次第。楽しみながら接客する方法を考えよう

1 2 想像力をはたらかせて、「接客ストーリー」を描こう

販売スタッフに「あなたは、どんな接客をめざしていますか？」と聞くと、必ず一人は、「お客様が満足してくれるような接客をめざしています」という人がいます。

そんな方に、私はもう一度たずねます。

「お客様が満足してくれる接客って、具体的には何ですか？」

そうすると元気よく答えていた人が、急に口ごもってしまいます。お客様が満足するって、いったい何なのでしょうか？　それは決してむずかしいことではありません。それはお客様に、「このお店に来て本当によかった」と思っていただくことです。そのためには、まずお客様の心理を知ることです。

なぜお店に来てくださったのか、なぜ商品を見ているのかというお客様のお買い物のストーリーを組み立て、そのストーリーに添った接客をしてみてください。

たとえば、スーツを着た女性がお昼ごろ入店したら、「近くのオフィス街のＯＬさんが、休憩時間中に何か探しにいらしたのかな？」と、ある程度の予測がつきます。

お昼休みという限られた時間にご来店くださったのですから、ウインドーショッピングではなく、何か必要なものを探している確率が高いといえます。

そんなお客様には、「お昼休みなんですか?」という声かけでアプローチし、続いて「何か、お探しのものがございましたら、お申し付けくださいね」とひと声かけておきます。そうすることによって、買い物にかかる時間を短縮してさしあげることができます。また、休日の夕方、カップルのお客様がペアリングを見ているとします。そんなときは、「このお二人は、一日中ずっとこの時間になるまで、ペアリングを探しに、いろいろなお店を回って来たのかもしれない」と想像します。

すると、「ペアリングはたくさん種類がありますから、ぜひ試してみてくださいね。デザインが多いので、ほかを回ってこられたお客様が、結局もどって来てくださるくらいなんですよ」というアピールができるでしょう。

〝ビンゴ〟の場合は、「この人は私たちのことをわかってくれている」と信頼が得られますし、はずれていても「それだけデザインが多いんだ」と思っていただけます。

お客様を満足させ、独りよがりでない接客をするためには、お客様がご来店した時間帯、友達や恋人、家族といった来店時のグルーピング、服装、持ち物などをしっかりと観察する日を持ち、お客様のお買い物ストーリーを想像する力を養うことです。

13 「挨拶」で「接客」のすべてがわかる

私は、年間一〇〇〇人以上の販売スタッフの接客調査をおこなっています。これは、私が一般客として買い物に出かけたとき、スタッフがどのような姿勢で接客してくれるかを見るものです。私がこの調査で最も重要視するポイントは、スタッフが「一人ひとりのお客様に、笑顔で挨拶しているかどうか」ということです。

ただの「挨拶」がなぜ大事なのかというと、数多くの調査をおこなう中で、ある法則が導き出されたからです。それは、お勧め上手なスタッフの約八〇%が、「入店時の挨拶」がうまいということです。

お客様が入店してから退店するまでには、六段階の接客フローがあります。①入店時の挨拶、②アプローチ、③お客様のニーズを引き出すヒアリング、④商品提案、⑤クロージング、⑥お見送り、です。

このうち、①の入店時の挨拶ができる販売スタッフは、たいてい③のヒアリングもうまいのです。なぜなら、彼女（彼）らは最初に笑顔で声をかけ、お客様に「あなたに気づいていますよ」というサインを出します。それがお客様の心を開くのです。それからお客様の年齢や服装、身につけているものなどを、さりげなく観察しています。そのうえで、「このお客様には何が似合うだろう」「この方は、うちの商品のどれに興味を持つだろうか」と考えてから接客に入っています。

したがって、お客様の好みやセンスを確認するためのヒアリングをしっかりおこなうことができるので、お客様の望み通りの品を提案できるのです。

逆に、買う気にさせるのが下手なスタッフは、④の商品提案の部分だけ一所懸命になる傾向があります。なぜな

ら、お客様をろくに見もせず、その商品の機能性やデザイン性の高さなど、いかにその商品がすぐれているかを一方的に伝える場合が多いからです。これでは、「誰にでも同じようにお勧めしているんでしょ」とお客様に思われてしまうのがオチです。

この接客調査でわかったことは、①の挨拶が悪いのに、ほかの接客のフローがよいという販売スタッフは、五人中一人にも満たないという事実です。最初のお客様とのご対面である「挨拶のお声かけ」には、販売スタッフの接客姿勢のすべてが表われます。

接客がうまくなりたければ、まず一人ひとりのお客様に対して、笑顔で「挨拶のお声かけ」を徹底し、「観察」の目を養っていくことが先決です。

◎お客様が入店したら、笑顔で挨拶しよう
◎最初にお客様の心を開くことができれば、その後の展開によい影響を与える

14 お客様を惹きつける「笑顔パワー」と「笑声パワー」

「接客」は、ていねいな態度で流暢な敬語を使えばいいものとされがちです。しかし、それがすべてではありません。お客様を最もひきつけるポイントとは、販売スタッフの「元気な笑顔」です。

「何だ、そんな当たり前のことか」と思う方がいるかもしれません。しかし、毎日同じ売場に立っているスタッフにとって、常に「元気のよい笑顔」でお客様をお迎えすることは、結構むずかしいことです。

小売・サービス業の経営者に、スタッフに望むことを聞くと、みんな口をそろえて、「笑顔のある、元気のいいスタッフになってもらいたい」と言います。買上率を上げる接客トークや礼儀作法よりも、接客の基本である「元気と笑顔」のほうが求められているのです。

いつもニコニコしている人は、お客様の心をなごませる力があります。私の支援先の静岡の有名老舗ホテルには、パワフルな笑顔を持つ二人の女性スタッフがいます。

この二人は、いつもとびきりの笑顔でお客様をお迎えし、まわりのスタッフにも一目置かれています。なぜなら、彼女たちが接客したお客様のほとんどが、再来店したときフロントで、「今日はTさんとKさん、いないの？」と指名するからです。このように「笑顔のパワー」は、お客様にスタッフの顔と名前を覚えさせるばかりでなく、あなたに接客されたい、というお客様からの好意を引き出す大きな原動力となります。

また、この二人は日頃から、いかにも楽しそうで元気な声で話をすることができています。声にも笑顔の表情が表われているので、私はこれを「TさんとKさんの**笑声**《えごえ》パワー」と呼んでいます。

お客様を元気づける笑顔と笑声には、ある程度のテクニックが必要です。朝、仕事に入る前、まず鏡の前でニッコリ笑顔をつくります。次に口角をこれ以上上がらないというところまで上げ、三〇秒間その状態を維持します。三〇秒たったら今度は「ウー」と言いながら口をすぼめて突き出すようにし、さらに「イー」と言いながら、口角を最大まで上げることを一〇回くりかえします。これで顔の筋肉が柔らかくなり、笑顔がつくりやすくなります。

「笑声」を出すには、「こ・んに・ちは」「い・らっしゃ・い・ませ」と、最初のひと声を口を大きく開けて強く発音し、最後の語尾を伸ばすように強く発音すると、声に

■「つくり笑い」にならない、自然な笑顔のつくり方

1 鏡の前でニッコリしてみる

2 口角をこれ以上上がらないところまで上げ、30秒間維持する

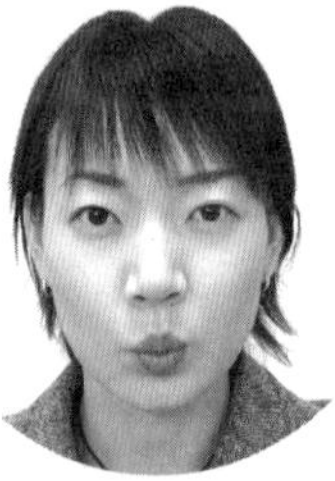

3 「ウー」と言いながら口をすぼめる

4 「イー」と言いながら、口角を最大まで上げる。「ウー」と「イー」を10回くりかえす

自然な笑顔のできあがり!

リズム感が生まれて元気よく聞こえます。

でも、一番大切なことは、「いい笑顔だね」と同僚をほめたり、「今日は疲れた顔をしてるよ。鏡を見ておいで」といった声かけが、スタッフ間で自然にできることです。笑顔パワーと笑声パワーの使い方をマスターすることで、もっとお客様を楽しませ、あなたのファンにすることができるのです。

◎ていねいな態度や完璧な敬語より、「笑顔」と「元気」が求められている

◎毎朝、鏡の前で自然な笑顔をつくってから、売場に立とう

15 身だしなみの「トータル・コーディネート」できていますか？

鳥取県の米子市にある、パチンコホールの接客研修に行ったときの話です。店長から、最近、ホールスタッフの服装の乱れが目立つので、何とかしてほしいという要望がありました。店長が逐一注意しているにもかかわらず、会社が指定している髪の色より茶色かったり、制服をだらしなく着ているホールスタッフが多いということでした。店長は、「なぜ、茶髪がいけないのか、なぜ、自分流の着こなしがダメなのかということがわかっていないんです」と困り顔です。

「身だしなみ」について考える場合、二つポイントがあります。

①お客様がスタッフの姿を見て、どのように感じるかを理解すること

②その会社で働く一員として恥ずかしくない格好をしてほしい、という会社の方針にしたがうこと

これは、スタッフ個人のオシャレの基準で、会社の一員としての身だしなみを考えることはできないということを意味します。

パチンコホールでは、お客様とホールスタッフが会話をする機会は限られています。会話をするチャンスは、入店時のお声かけとジェットカウンターで玉を流すとき、景品をお渡しするときくらいしかありません。つまりそれだけ、スタッフの人柄をお客様が見た目で判断してしまう可能性が高いということです。そのような環境で、お客様が玉詰まりや玉箱の上げ下ろしなどを頼むとき、だらしない格好のスタッフより、きちんとした感じのスタッフに声をかけるのは当然のことです。

また、会社が定めた身だしなみのルールを守るということは、社会人としての基本的なマナーです。ルールを守ることができてこそ、会社の一員として認められます。

このパチンコホールの接客研修で、このようなお話をさせていただいたところ、次にうかがったとき、変化が見られたのです。金髪だったスタッフが、「お客様から怖がられているみたいだ」と気づいて色のトーンを落としたり、制服のズボンを腰ばきしていたスタッフが、きちんとウエストでベルトを締めるようになっていたのです。

自分の外見を客観的に見ることは、「身だしなみ」を考える場合、とても重要です。「身だしなみチェックリスト」を使って、まず自分自身の頭のてっぺんから爪の先まで、お客様にとってどのくらい感じよく映っているかを、一度チェックしてみてはいかがでしょうか。

■あなたの身だしなみをチェック！

身だしなみチェックリスト 男女共通項目		チェック欄 （○or×）
1	髪を清潔に整えているか 肩より長い場合はゴムなどでまとめているか	
2	会社が指定している髪の色より明るくないか	
3	香りの強いワックス・ヘアクリームを使用していないか	
4	フケ･寝グセ等はないか	
5	香水の匂いが強くないか	
6	歯をきちんとみがいているか	
7	名札をつけているか	
8	名札の名前がはっきり読み取れるか	
9	汚れの目立つ服装をしていないか	
10	ユニフォームをだらしなく着ていないか	
11	服装に、ほころびや糸のほつれはないか	
12	爪をきちんと切り清潔にしているか	
13	派手なアクセサリーをつけていないか	
14	動きやすい靴をはいているか	
15	擦り切れたり、汚れた靴をはいていないか	
16	靴のかかとを踏んでいないか	
女性		
1	派手すぎる化粧をしていないか	
2	派手なヘアアクセサリーをしていないか	
3	マニキュアの色が濃すぎないか	
男性		
1	ヒゲはのびていないか（剃り残しはないか）	

16 客層別の接客パターンをもとう

どのようなお店でも、客層には偏りがあるものです。主に礼装の着物を取り扱っている呉服店であれば、五〇代以上の女性がメインの客層になりますし、ゴルフ専門店では、接待ゴルフをするような中年の男性客がメインとなってきます。もちろんどのようなお店でも、中心客層にあてはまらないお客様も来店します。

一〇代後半の女性客で賑わうアクセサリー店で、五〇代の女性が買い物をするのは、いまや珍しい光景ではありません。

しかし、女子高生と五〇代の専業主婦では、生活パターンや情報源などに大きな相違点があります。販売スタッフが、「これ、女性誌の読者モデルのコがつけてて、チョーカワイくて私的にもお勧めなんです」とアピールしても、五〇代の女性には理解しづらいものがあります。

接客トークは、客層別に変化をつけることが大切です。各世代のお客様が商品を選ぶときの傾向をつかみ、接客トークに反映させてみましょう。

①中高年女性（四〇代後半~五〇代）の傾向

【1　アプローチのお声かけ】

商品の機能性がわからない、じっくり商品を見たい。

⬇お客様の商品選びのお手伝いをする姿勢を見せる。

「機能など、いろいろご説明いたしますので、いいものが見つかりましたらお申し付けください」

【2　商品提案】

自分のセンスが他人の目にどう映るのか気になる。

⬇客観的にどう見えるのかをハッキリ伝え、安心感を持っていただく。

「こちらの色のほうが、お顔映りがとてもきれいですね。他のお客様も、このくらいハッキリした色合いを選ばれていますよ」

②中高年男性（四〇代後半~五〇代）の傾向

【1　アプローチのお声かけ】

自分から販売スタッフに声をかけづらい。

⬇声をかけやすい状況をつくりだす。

「いいものがあったら、お気軽にお声をかけてくださいね」

【2　商品提案】

自分のセンスにイマイチ自信がない。

➡他の事例を伝えることで、商品に納得していただく。

「同じものを私の父親にプレゼントしたんですけど、気に入って使っていますよ」

◎すべてのお客様に同じ接客をするより、お客様の年齢や性別に合わせた対応を使い分けたほうが効果的

◎その年代特有の考え方や気持ちを知って、アプローチや商品提案に活用しよう

17 なごみ会話の「ネタ帳」をもとう

今まで、いろいろな業界の接客研修におじゃましましたが、どの業界の経営者にも共通の悩みがあるようです。それは、「うちのスタッフには、日常会話能力がある人が少ない」というものです。「スタッフの日常会話能力」とは、いわば雑談や世間話をする能力です。お客様が年配者でも小学生でも、通じ合える話題を提供できるかどうか、ということです。

どんな年代・性別のお客様にも通じる、「今日の天気」「行事」といった話題を、私は「環境ネタ」と呼んでいます。また、お客様の個人的な「住所」「食事」「仕事」の話を「自分ネタ」と呼んでいます。お客様の中には、商品を見せただけでよい反応を示してくれる方もいらっしゃいますが、こちらが声をかけても知らんぷりをする方もいらっしゃいます。

しかし、そんなお客様の反応にいちいちブルーになっていたのでは、接客業はやっていけません。何とか、お客様の心を開かせるような「なごみ会話」を提供することで、お客様をニコニコさせるように持っていかなければプロとは言えません。

「数あるお店の中から、当店を選んでくださったお客様ですもの。来てくださったからには、楽しんでいただこう！」と思うことは、接客という仕事を楽しむうえでとても大事なことです。

その気持ちの表われが、「日常会話」＝「なごみ会話」なのです。なごみ会話をするためには、あらかじめ「環境ネタ」「自分ネタ」などの「ネタ帳」をつくっておくことです。ネタ帳といっても、むずかしいものではありません。たとえば環境ネタなら、

①「今日は、暖かくていいお出かけ日和ですね。お客様はいつもこのあたりでお買い物をされるんですか？」

②「先日のお祭りは賑やかでしたね。お客様も参加されたんですか？」

というように、商品のことには触れず、ごくごく普通の話題について話しかけることです。こうしたネタを持ちかけることで、お客様に商品の説明をしやすい環境をつくりだしていきます。

環境ネタを試した後、「このお客様には、個人的なことを聞いても大丈夫そうだ」

■「なごみ会話」でお客様の心を開かせよう

	天気ネタ	行事ネタ
環境ネタ	●最近、やっと暖かくなりましたね。今みたいなお天気がずっと続いてほしいですね。 ●寒い日が続いていますね。お風邪はひかれませんでしたか? ●ここ何日か雨がひどかったですけど、お出かけになりましたか? ●今日は本当にいいお天気ですね。今日みたいな日は、お客様みたいにお出かけしないと損ですね。	●先日の連休はお出かけになりましたか? ●夏は、○○のあたりに出店が出るんですけど、行かれたことはありますか? ●来週は花火大会がピークですが、どこかに見に行かれますか? ●紅葉の季節ですけど、今年は○○方面がとてもきれいだそうですよ。

自分ネタ	●お客様は色白でうらやましいですね。もともと焼けない体質なのでしょうか?　お客様みたいな肌になれる美白化粧品、教えてくださいませんか? ●お客様のバッグ、本当にかわいいですね。私、そういったデザイン、大好きなんです。どこでお求めになったか教えていただけませんか? ●今日はどちらからお越しなんですか?　○○ですか!　お車ですか?(交通手段を聞く)それは、わざわざありがとうございます。ゆっくりしていってくださいね。

と感じるほど反応が上々だったら、自分ネタをふってみます。
①「もう、お昼ごはんは召し上がったんですか？　このあたりだと、○○っていうお店がおいしいらしいですよ。お客様はいらしたことありますか？」
②「お客様、今日はどちらからお越しですか？」
といった言葉を投げかけて、お客様の個人的な情報を聞き出します。お客様に興味を持っていることを伝えたり、新しい話題を提供すると、お客様も悪い気はしないようで、何かしら返答をしてくれるものです。なごみ会話のネタをしっかり持って接客に臨んでみると、知らんぷりのお客様をニコニコさせるのが楽しくてたまらなくなります。お客様との会話が思うように弾まない、と思っている人は、接客の前にこうしたネタ帳を必ず用意してくださいね。

◎どんなお客様とも会話が弾む「環境ネタ」「自分ネタ」を用意しておこう
◎「なごみ会話」でお客様の心を開くことができる

18 「質問上手」は「語らせ上手」

接客関連の本にはよく、お客様とコミュニケーションを取るためのコツとして、「たくさん質問すること」と書かれています。この意見には私もまったく同感です。

しかし、ただ単にどうでもいいことをお客様に質問するのではなく、質問の仕方が上手でなければ、お客様との会話のキャッチボールを楽しむことはできません。

大手スポーツクラブに在職中、一年間で見学に来館した二七六名のお客様のうち、二六七名を入会させるという前人未到の記録を持つ、林さんという人がいます。

一般的に、スポーツクラブへの入会に迷っているお客様は、いくつかのスポーツクラブを見学して、家からの距離や施設の充実度などを考えて自分の都合に合った施設を慎重に選びます。見学者の入会率は平均約三〇％。それを彼は、九六・七％というところまで引き上げ、さらに三カ月間一〇〇人連続入会という記録も打ち立てており、現在は二六歳にして、感動セールスサポートという会社を設立し、スポーツクラブなどのコンサルティングをおこなう事業を展開しています。

そんな林さんが、「ちょっと下見に来ただけ」のお客様を確実に入会に結びつけることができた理由は、「お客様への質問の仕方がうまく、コミュニケーションを取るのが早い」ためです。質問がうまいということは、つまり「お客様に語らせることがうまい」ことを意味します。そしてコミュニケーションを取るのが早いということは、それだけ「お客様のことを気にかけている」ということです。

林さんの接客スタイルの特徴は、質問を活用することです。

私がまず、見学前のアンケートで名前や必要事項を記入すると、私のことを名前で「シンさん」と呼び、「シンさんってステキな名字ですね、どちらのご出身なんですか？」「ご住所は○○の近くですね。僕も学校が○○の近くだったんですよ。シンさんの職場はどちらなんですか？」などと質問することで、初対面の緊張感をほぐしてくれます。

また、「以前、通っていたスポーツクラブでは、プール、ジム、スタジオのうち、どこを中心に運動していましたか？」「うちのスポーツクラブでやりたいと思っていることは何ですか？」と質問することによって、運動不足解消かダイエットのためか、来館目的を明確にさせます。

そして、お客様の話をただ聞き流すのではなく、ていねいにメモを取ります。また、一〇分に一回程度、「ここまでご質問はないですか?」と確認します。自分だけが一方的に説明をするのではなく、お客様にしゃべるチャンスを与えるのです。スタジオからプールに移動するときには、「足元がすべりやすくなっているので気をつけてくださいね」と声をかける心配りも忘れません。

見学終了後は、「全体をご覧になってどのような印象でしたか?」と、お客様の心に残ったポイントを聞き出します。そして、「もし使うとしたら、いつごろになりますか?」「来月から始めるかどうか考えていますか?」と質問することによって、お客様に具体的な開始日を考えさせます。最後のクロージングの言葉として、「せっかくなら、夏までに痩せるために、一緒に始めてみませんか?」と質問することで、入会の理由を与えています。

このように林さんは、質問を重ねていきながらお客様自身に語らせることで、漠然としたスポーツクラブに対する思いや入会の目的をハッキリさせ、迷っているお客様でも入会に結びつけているのです。

お客様にいろいろ質問するということは、「お客様のことをもっと知りたい」、もしくは「お客様に一番合った内容のものをお勧めしたい」という熱意の表われといえます。

林さんのように、コミュニケーションを取りながら質問をすると、たいていのお客様は「この人は、私のことを理解しようとしてくれている、いい人だ」「私に合ったものを提案してくれようとしている、信頼できる人だ」と感じます。

こんなふうに思ってもらえたら、コミュニケーションはぐんと取りやすくなります。スポーツクラブであれば、彼のように入会率を上げることもできますし、販売スタッフだったら商品を買っていただける可能性が高くなります。

お客様の住所・名前の由来・趣味・特技・家族構成・ポリシー・最近ハマっていること・お気に入りの店などを聞いて、お客様に語らせてみてください。お客様の語りの中から、きっと買上に結びつくヒントを得ることができますよ！

◎お客様自身について質問することで、コミュニケーションの質が上がる

◎お客様にどんどん話してもらって、買上につながるヒントをもらおう

19 感じのよい基本用語をマスターする

いつも店長から、「言葉遣いはていねいに！」なんて、注意されていませんか？しかし、「ていねいな言葉遣い」さえすれば、お客様は喜ぶのでしょうか。言葉遣いは何も、流暢でていねいな敬語を使ったものがベストというわけではありません。お客様によっては、かしこまった敬語ではなく、地元ならではの、やわらかい言葉で接してもらったほうが落ち着くという方もいらっしゃいます。

つまり接客では、「お客様によって、臨機応変に言葉遣いを変える」ことができるのが一番です。そのためには、むずかしい敬語も知っているが、最近のはやり言葉や、子供向けのやさしい話し方もできるという幅広い知識が必要です。

どんなお客様でも、「この人、感じいいわね」と思ってもらえる言葉が、接客の基本用語です。この基本用語をくりかえし使うことによって、「このお客様は敬語を崩さないほうがいいな」とか、「もう少し気軽な言葉遣いのほうが親しみやすいかな」という感覚を養うことができます。

①接客用語の中で、意外と使われない言葉を使う⇩「かしこまりました」

接客用語で意外と使われていないのが、「かしこまりました」という言葉です。お客様から何か申しつかったら、「わかりました」と答えていませんか？　これもまちがいではありませんが、「かしこまりました」というだけで、お客様としては非常にていねいに接客されていると感じるものです。

②お客様に遠慮をしない⇩「ぜひ、○○してください」

商品を見ていると、「よろしければ、ご試着してみてください」と遠慮がちにいうスタッフが少なくありません。せっかく商品を見てくれているお客様には堂々と自信を持って、「ぜひ、ご試着してみてください」と声をかけてください。あなたの気持ちをプラスに変えてくれる魔法の言葉です。

③「後よし言葉」で好感度をアップさせる

A　「この指輪は爪が出ていて引っ掛かりがありますが、石のカットが個性的でキラキラ輝くんです」

B　「この指輪は石のカットが個性的でキラキラ輝くのですが、爪が出ていて引っ掛かりがあるんです」

AとBは同じ意味ですが、Aのほうが感じがよく聞こえます。商品のデメリットを伝えなければならないときは悪いところを先に、よいところを後に持ってくる「後よし言葉」でアピールしてみてください。

④「クッション言葉」と「依頼形」でやさしく話す

「こちらに、お名前とご住所、ご連絡先を書いてください」と言うより、「申し訳ございませんが、こちらにお名前ご住所、ご連絡先を書いていただけますでしょうか？」と言ったほうがやわらかく響きます。何かお客様に頼みごとをするときは、「お手数ですが」「恐れ入りますが」という「クッション言葉」を入れると、表現がやわらかくなります。

また、お客様に頼みごとをするときは、「～してください」という命令形ではなく、「～していただけますでしょうか？」とお願いする依頼形で話すと、お客様はすんなりとお願いを聞いてくれるものです。

■接客用語はここがポイント

● 接客の7大用語

→「いらっしゃいませ」**「かしこまりました」**「少々お待ちください」「お待たせいたしました」「申し訳ございません」「ありがとうございます」「またご利用くださいませ」

● 表現を明るくする

→~~「よろしければ～」~~→「ぜひ～」

→マイナス・プラス法（後よし言葉）

● クッション言葉を使う

言いにくいこと・お客様に手間をかけてしまうことの前につける

→「恐れ入りますが～」「申し訳ありませんが～」
「お手数ですが～」「失礼ですが～」

● 命令形を避け、依頼形で話す

~~「○○しなさい」~~

~~「○○してください」~~

→「○○していただけますか？」
「○○していただけませんか？」

● コンビニ言葉は使わない

~~「よろしかったでしょうか？」~~→「よろしいでしょうか？」

~~「～の方（形）になります」~~→「こちらでございます」

~~「1万円からお預かりになります」~~→「1万円お預かりします」

1-10 自分の「接客スタイル」をつかむ方法

ひとくちに「接客」と言っても、スタッフの数だけ「接客のスタイル」が存在します。自分のキャラクターをアピールしながら接客する人、クロージングをガンガンかける人など、いろんなタイプがあります。「接客スタイル」は、まさにその人の性格そのものです。

接客業に従事する人であれば誰でも、「こんな接客でお客様に喜んでもらいたい」という理想の接客があると思います。それを現実にするためには、まず自分の理想に一番近い先輩を見つけることです。

私自身も宝石店の新入社員時代、自分の接客スタイルをつくるにはどうしたらよいのかわからず、先輩方の接客トークに聞き耳を立てていました。するとどうでしょう。先輩一人ひとり、言葉遣いからクロージングの話術までバラバラで、よけいに混乱してしまいました。

接客スタイルには、その販売スタッフの性格が顕著に表われます。その性格をいちいち真似していたのでは、混乱するのも当たり前です。たとえその先輩の接客スタイルがいいな、と感じても、極端に自分と性格がちがえば、真似することは至難の技です。モデルとなる先輩を見つけるには、まずその人に販売力があることが前提ですが、性格が似ているかどうかを見極める必要もあります。そのうえでモデルとする先輩を一人にしぼり、その人の接客トークを徹底的に真似するのがコツです。

幸いにも私には、お客様からの信頼が厚く、販売力のある女性の先輩がいました。私はその先輩のしっかりしているのに女性らしいところが大好きで、会社でも寮でも仲よくしてもらいました。その先輩は、数字の意識をきちんと持ちながら、親切な対

応をしており、リピーターのお客様が多い人でした。

その先輩が、恋人への誕生日プレゼントを買いにきた男性のお客様を接客したことがあります。二万円の指輪をお買上いただき、それを包装している間に、「今度は彼女に婚約指輪を買ってあげてくださいね」と、ダイヤモンドの品質の説明をしたそうです。お客様は先輩の親切な対応が忘れられず、何と半年後に、ダイアモンドの婚約指輪を買いにいらっしゃいました。

理想の接客スタイルを確立するためには、モデルとなる身近な人の真似を徹底的におこなうことが、自分なりの接客スタイルを生み出していくうえでとても重要です。私も、いつか先輩のようになりたいと真似をしたことが、接客スタイルを身につけるうえでとても役に立ちました。

◎接客力をつけるには、身近な先輩の接客方法をモデルにするのが一番の早道！
◎自分のまわりにいる人たちから、よいところをどんどん盗もう

1-11 自分の得意な客層を探れ！

あなたは、どんなお客様と接するのが得意ですか？

お客様の中には、すぐに仲よくなれるタイプと、どうもウマの合わない方がいるものです。苦手意識を持つのは仕方ありませんが、どんなお客様でもドンと来い！　と思えるようでなければ、いつまでたっても接客の楽しさを味わうことはできません。

あなた自身が接客を楽しむためには、いつどのようなお客様が来店しても、すぐに打ち解けられるようなテクニックを身につけることです。そのためにはまず、自分が仲よくなりやすいお客様と、ふだんどのようなコミュニケーションを取っているか、ふり返ってみることが必要です。

私自身の例でいうと、根がオバちゃんぽいせいか、自分の母親と同じくらいの五〇代以上の女性とは、すぐにコミュニケーションを取ることができました。でも一〇～二〇代の、自分より年齢が下のお客様とは、会話をかみ合わせることができず、苦手意識をもっていました。

五〇代の女性は、オシャレをしても気づいてくれる人がいなかったり、出かける場所がなくて注目されないことがあります。そうしたお客様に対して、身につけている洋服や髪型をほめたり、家庭内の愚痴などを聞いてあげると、とても喜んでくれました。商品の話はほとんどしないのに、お買上いただいたことが何度もありました。五〇代の女性を接客するときは、お客様の娘になったつもりで話を聞き、日常生活のガスを抜いてあげてから商品を勧めるというルールが体系立てられたのです。

一方、一〇代、二〇代のお客様は、よい悪いをハッキリ正直に伝えてくれ、自分をよい方向に導いてくれる販売スタッフを求める傾向があります。若いお客様は、インターネットなどで情報を手軽に手に入れます。商品に関する情報はあふれていますが、いったいどれが正しい情報なのか、判断する基準がありません。その判断基準を販売スタッフに求めているのです。

こういうと大げさに聞こえるかもしれませんが、決してむずかしいことではありません。お客様が気になっている商品があるとすると、その商品がお客様に合っているかどうかを正直に伝え、よりお客様にぴったりな商品を提案してあげるだけでいいのです。

若いお客様にやたらほめてお勧めしてしまうと、逆に不信感を持たれてしまう可能性があります。思い切って提案することが、若いお客様からの信頼を勝ち取る大きなポイントです。

第一ステップとして自分の得意客層を探り、その接客パターンをルール化し、次に苦手な客層の接客のツボのちがいを分析して対応策を練ってみましょう。接客の苦手意識をなくすことができるはずです。

◎まず、自分の得意な客層を知り、苦手な客層とどこがちがうのかを分析してみよう

◎どんなお客様でも「ドンと来い！」と思えるようになると、接客が楽しくなる

1 12 異性のお客様を接客するテクニック

異性のお客様と接するとき、「男（女）の人は、どんなものがほしいかわからない」と、心の中でちょっぴり距離を置いていませんか？　たしかに男性と女性とでは、商品を選ぶときの感覚に大きなちがいがあります。このちがいがわかると、異性のお客様でも、自信をもって接客できるようになります。

女性は一般的に、五感の中でも、本能により近い「嗅覚・触覚」がすぐれているといわれています。

ですから、女性は商品を選ぶとき、匂いや手触りなどで、その商品が自分にとって心地よいかどうかを判断します。

一方男性は、女性よりも「視覚」を重視します。女性に好きな男性のタイプを聞くと、「やさしい人」「一緒にいて楽しい人」などと答えるのに、男性は、「胸の大きな子」「足の細い子」など、ビジュアルな要素を答えることが多いようです。男性は商品を選ぶとき、ビジュアル的にイケているかどうか、一目でブランドとわかるものや、これをもっていればモテる、というものに敏感に反応する傾向が強いようです。このような男女別のちがいを踏まえながら、男性・女性、それぞれに響くポイントを意識して商品提案することが大事です。

【男性スタッフが、女性のお客様と接する場合】

①スタッフ自身の使用体験を伝える

「どんなものにもコーディネートしやすくて、うちのスタッフにも大好評なんです。今日身につけている者もいるんですよ」

②触り心地を伝える

「姉にプレゼントしたのですが、洗濯するたびに柔らかく肌触りがよくなって、着ていて気持ちがいいといっていました。どうぞ、触って確かめてみてください」

【女性スタッフが、男性のお客様と接する場合】

①女性から支持されていることを伝える

「女性にも人気の色合いとデザインなので、オシャレな女性だったら、必ず気づいてくれますよ」

■男性と女性の買い物心理の比較

項目	男性	女性
買い物に対する考え方	苦痛	楽しみ
買い物における傾向	楽して買いたい ほしいものをすぐに見つけたい	いろいろ見たい いろいろな中から探したい
買い物にかける時間	短い	長い
買い物の目的	ほしいものを買うため	いろいろ見て楽しむため
気のきいたアプローチだと感じる行動	気づいている、というサインがほしい	ＹＥＳと答えやすいアプローチ
コーディネートにおける傾向	ひとつのブランドで全身そろえてもＯＫ	ひとつのブランドでトータル・コーディネートはしない
コーディネート提案のツボ	合わせやすく、着回しがきく	自分がもっているアイテムとの色合いやデザインのバランスが大事
ボディでの訴求	ボディのコーディネートが一番カッコよく見える。コーディネートを丸ごと買うことがある	ボディのコーディネートの一部一部がステキに見える
商品の説明	素材や機能性などのうんちくを聞くのが好き	うんちくよりデザイン性の高さと使い心地が気になる
サイズに関して	大きめで着ることができる	スタイルよく見えることが大事・シルエットにこだわる
お勧めトーク	流行アイテムや最新アイテム、お勧め商品が好き	なぜ自分に似合っているのかを説明されるのが好き

②ステータスがあることを伝える

「こちらは、誰ももっていないほど希少性の高い商品なので、おもちになるだけでうらやましがられますよ」

このように、「男性なのに、なぜ女ゴコロがわかるのかしら？」「女性なのに、男の気持ちを理解している人だなぁ」と思っていただけたらしめたものです。きっと、次回もあなたに接客してほしいと指名してくれるでしょう。

◎「男性（女性）の気持ちはわからない」とあきらめないで。男女別の心理を知れば、上手なお勧めができる

◎女性には「触り心地」や「いい匂い」をアピール。男性には「見た目」や「ステータス」を強調すべし

1-13 商品の使い道をヒアリング調査しよう

あなたは自分の売った商品が、どのように使われているかご存知でしょうか？　洋服なら、お客様はその洋服を着るに決まっている、と決めつけていませんか？　ときにお客様は、販売スタッフが予想もしない意外な目的のために、商品を購入されることがあります。その予想外の購入目的を知ることで、買上につながる接客トークを身につけることが可能です。

アンティーク着物店の展示会へ、接客の応援にかけつけたときのことです。五〇代の女性が私に声をかけ、展示品の打掛を見せてほしいというのです。その打掛は、鶴亀が舞い踊るおめでたい柄で、現代の技術ではつくることができないという希少性の高いものでした。

私は、なぜこの女性がこの打掛を買うのだろう、娘さんが結婚するのかな、と思い、「近々、何かおめでたい席があるのですか？」と聞いてみました。するとお客様は、こうおっしゃるのです。「お世話になった外国の方に、プレゼントするのよ。和風のものが好きな方だから、これをタペストリーみたいに壁に飾ってもらおうと思って」。アンティーク着物は着るだけではなく、インテリア小物としても買っていただけるんだ、とお客様に一本取られた気がしました。

このアンティーク着物店では、他に明朝や李朝スタイルの家具も販売していましたが、個人より法人のお客様のほうが多いそうです。法人のお客様が、個性の強いアジアンテイストの家具を購入するとは？　その理由をスタッフに聞いてみると、日本料理屋などが店内ディスプレーのために購入したり、心療内科などの病院がカウンセリングルームを落ち着いた雰囲気にするためにディスプレーとして利用したりするということでした。

これは、スタッフも予想していなかったこ

とで、そうしたお客様が意外に多いことに最初は驚いたそうです。

このことがわかってから、スタッフのお勧めトークに変化がみられました。個人のお客様にお勧めするときは、「こうしたスタイルの家具は、和の雰囲気の飲食店でディスプレーとしても使われるくらい、お部屋の雰囲気をなごませてくれるんですよ」というと、お客様が、「それくらいセンスのよいものだったらまちがいない」と納得して購入してくれるようになったというのです。このように、あるお客様の商品の使い道を別のお客様に伝えることで、商品の買上率をアップさせることが可能です。

商品の使い道はひとつではないということを、スタッフ自身が理解して接客することで、商品の提案にバリエーションをもたせることができるのです。

◎商品の意外な使い道を考えてみよう
◎お勧めトークに、バリエーションと説得力をもたせることができる

1 14 「ツキの商品管理表」でもっとお店と商品を好きになる！

私が以前勤めていた宝石店は、船井総研社長・小山政彦のコンサルティングを、二〇年近く受けていました。あるとき研修で小山が、「今年のクリスマス商戦は、これといったスター商品がない。だから、お店の中で昨対一五〇％以上伸びているような、ツイている商品を見つけてあげなさい。そしてその商品の品揃えを強化して徹底的に伸ばしてあげてください」と言ったのです。それは、今思えば船井流の『ツキの原理』でした。

確かにその年は、エアリーネックレスという透明のワイヤーネックレスがはやりましたが、夏が終わるとブームも去り、秋から冬にかけて、店としてお勧めする商品が決まっていない状態でした。また、お店の売れ筋商品は何となくつかんではいましたが、どのくらい売れているのかを理解している販売スタッフはいませんでした。

低迷しているお店の売上を何とか上げたかった私は、ツイている商品を探そうと思いたち、どの商品がどのくらい売れているのかチェックすることにしました。毎日、売上伝票に貼った値札をチェックし、一万五千円の十八金のペアリングが何本売れた、プラチナの赤い石のネックレスが何個売れた、とアイテムごとに素材や石、デザインといった属性に区分けをし、一カ月間、何がどれだけ売れたのかを地道にカウントし続けました。

「ツキの商品管理表」と名づけたそのチェック表をつけてから二カ月たったころ、おもしろい結果がみえてきました。その店ではピアスの品揃えが豊富でしたが、安くてかわいいものを数多く持ちたいと考えるお客様が多く、一万円以上の高額なピアスは売れにくいとされていました。事実、

■ツキの商品管理表

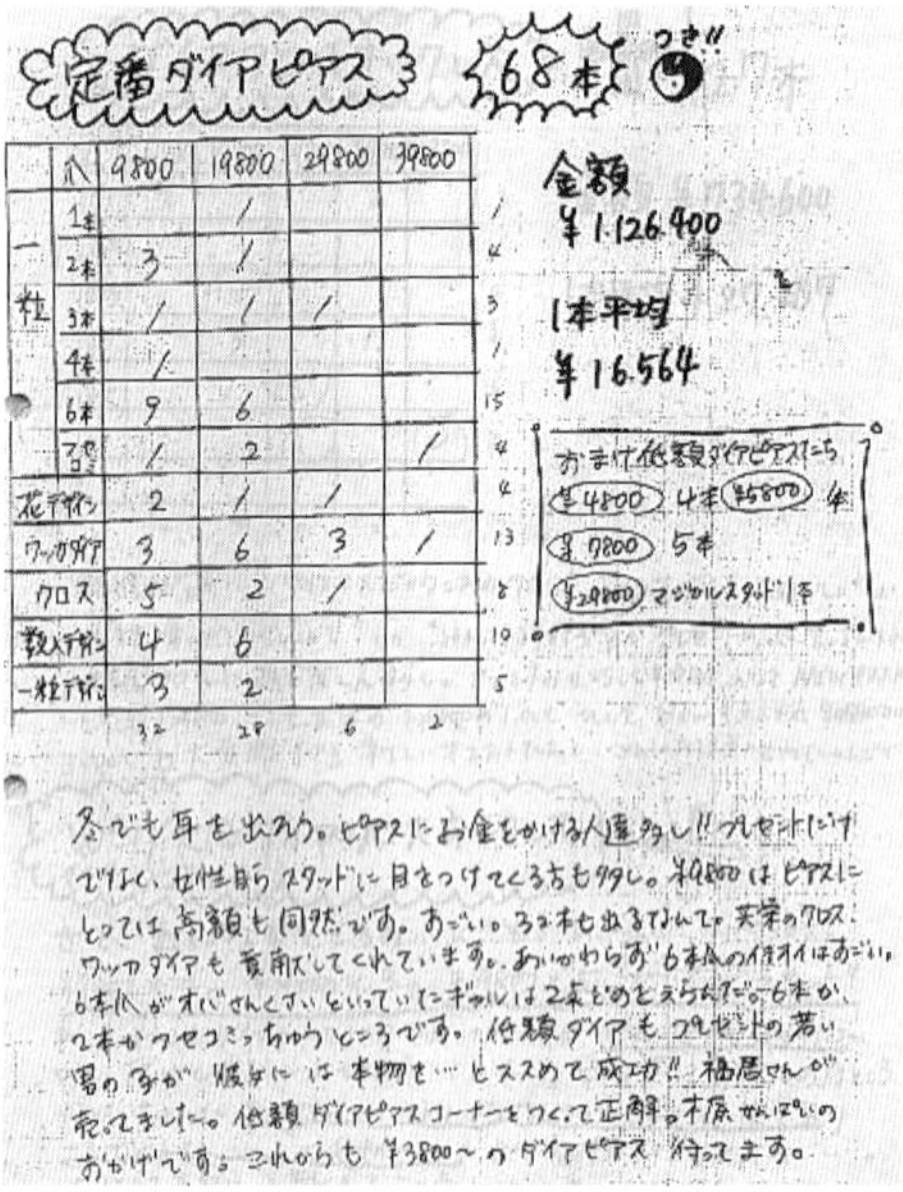
定番ダイアピアス　68本　つき!!

	穴	9800	19800	29800	39800	
一粒	1本		/			1
	2本	3	/			4
	3本	/	/	/		3
	4本	/				1
	6本	9	6			15
	フクロミ	/	2		/	4
花デザイン		2	/	/		4
ワッカダイア		3	6	3	/	13
クロス		5	2	/		8
数入デザイン		4	6			10
一粒デザイン		3	2			5
		32	28	6	2	

金額
¥1.126.400

1本平均
¥16.564

おまけ低額ダイアピアスたち
¥4800　4本　¥5800　4本
¥7800　5本
¥29800　マジカルスタッド1本

冬でも耳を出そう。ピアスにお金をかける人達多し!!プレゼントだけでなく、女性自ら スタッドに目をつけてくる方も多し。¥9800は ピアスにとっては 高額も同然です。すごい。32本も出るなんて。天栄のクロス・ワッカダイアも 貢献してくれています。あいかわらず 6本爪の任オイはすごい。6本爪がオバさんくさいといっていたギャルは2本どめとえらんだ。6本か、2本かワセコミっちゅうところです。低額ダイアも プレゼントの若い男の子が 彼女には 本物を…とススめて成功!! 福居さんが 売ってました。低額 ダイアピアスコーナーをつくって正解。木原せんぱいの おかげです。これからも ¥3800～の ダイアピアス 待ってます。

その年の九月に一万円以上のダイアモンドピアスが売れた数は七本で、金額の合計は約一四万円とピアス全体の売上の一〇％にもなりませんでした。

しかし、翌月の一〇月は、ダイアモンドピアスの売れ方に変化が見られました。売れ本数が二五本、売上が五三万円と、前月の四倍近い売上を記録したのです。私は、「これだけツイているなら、今年のクリスマスはこれだ！」と、クリスマス商戦のスター商品を、ダイアピアスにしぼったのです。

その結果、十二月は売れ本数七三本、売上一三二万円という、今までにない数字を残すことができました。まさに、数多くの商品の中でツイている商品を見つけ、その商品の持つポテンシャルを存分に発揮させてあげることが販売スタッフの仕事であると気づいた瞬間でした。

ツイている商品をかわいがると、商品はその期待に応えてくれます。あなたもお店で埋もれているツイている商品を探してあげてみてください。

◎お勧めする商品が見つからないときは、「ツイている商品」がないかどうか探してみよう

1-15 インショップと路面ショップでのなごみ会話の「ちがい」を知ろう

あなたは今、百貨店やショッピングセンターなどのインショップで働いていますか？　それとも路面店で働いていますか？　もちろん、どちらも経験ずみの方もいらっしゃいますよね。

実は私も、両方経験したクチです。1章‐7で「なごみ会話」を紹介しましたが、働く場所によって、この「なごみ会話」をパワーアップさせることができます。

インショップで仕事をしていると、最もわからないのが外の状況、つまり天気の様子です。朝は天気がよかったのに、帰るころにはどしゃ降りになっていることもあります。

でもインショップでは、雨が降っていることをお客様が教えてくれます。お客様は、雨が降ったら傘を持って入ってくるからです。

そんなお客様がいらっしゃったら、商品を見せるよりも、まずお客様が持っている傘を見て「雨が降っているんですか？　朝はお天気だったのに。どのくらい降っていますか？」と聞きます。つまり、環境ネタの変形バージョンです。するとお客様は、「けっこう降ってますよ。傘はちゃんと持ってきたの？」などと答えてくれます。

こうした環境ネタのお陰で、お客様と簡単にコミュニケーションを取ることができます。コミュニケーションを取った後の接客は、とてもスムーズにいくのです。

路面店では、同じ雨でもネタのふり方がちがいます。お客様にはまず、「雨の中、ありがとうございます。どうぞ、雨宿りしていってくださいね」と声をかけ、ゆっくりと商品を見ていただけることをお伝えします。

そうするとお客様のほうも、「買わないと出られないかも……」という不安感が消えます。また、「雨宿り」というちょっとしゃれた言い回しに、お客様もホッコリ笑顔になります。

何でもかんでもネタにするには、経験やテクニックが必要ですが、まずこうした身近な環境ネタから大いに使ってみていただきたいと思います。

また、インショップにお勧めなら、近くのテナントを紹介してみることが「自分ネタ」になります。

「最近、うちの前のたこ焼き屋さん、口コミで評判になって行列ができているんですよ。食べたことありますか？」といった新鮮なネタを振ると、お客様は飛びついてきてくれます。

特に、女性のお客様は食べ物ネタに弱いので、評判のよい飲食店を教えてあげると喜んでくれます。

路面店でも、「うちの前にあるカフェですが、最近、店頭でお花を売るようになってからお客様がとても増えたみたいなんです。とてもおいしいし、お花もキレイなので、私たちも休憩時間を使ってときどき行っているんです」と紹介してみるのもよいでしょう。

今自分が働いている環境の中で、お客様と最もコミュニケーションを取れるなごみ会話は何かを考えて、接客に活かしてほしいと思います。

◎外の様子がわからないインショップだからこそ、お天気ネタはコミュニケーションを取るきっかけになる
◎周囲の食べ物屋さんの情報も、なごみ会話のよいネタになる

Chapter-2

これでスッキリ!
販売スタッフのお悩み解消法

Your worry
is solved

21 作業よりお客様を優先させよう

お客様がいらっしゃったら、どんな状況でももちろん「接客最優先」です。でも、現場で毎日働いているあなたなら、これがなかなかむずかしいということを知っているはずです。販売スタッフは、販売することが仕事ですが、毎日の仕事はそれだけではありません。朝一番には本部から送られてきた大きな段ボール箱を開けて、山盛りの商品と伝票を突き合わせ、数が合わなければ何度も数え直し、そして商品を店頭に補充したりディスプレーしたりなど、たくさんの作業が待っています。

商品や伝票を広げたまま接客に行くと、盗難や紛失の恐れもあります。検品中は商品を什器の上に広げざるを得ないので、お客様のショッピングの邪魔にもなります。このように、作業が先か接客が先か、なんて悩んでいませんか？　そんなとき、店長から「お客様が来たら作業の手を止めて接客して！」と言われたら、かなりムッとするはずです。言われなくても、お客様のほうが大事なことは百も承知です。

六店舗展開している、とある家電店でのお話です。社長はいつも現場の販売スタッフに、「お客様に挨拶のお声かけをしなさい」と口を酸っぱくして言っていました。

ところが、私が店舗調査に行くと、販売スタッフは誰もこちらの入店に気づかず、挨拶があったのは六店舗中たった一店舗だけでした。各店の店長も、できるだけ販売スタッフがレジに固まって作業をしないよう注意しているようですが、やめるにやめられないのが現実です。本部やメーカーから荷物が店に届くのは一〇時です。どうしても、オープン後に品出しと検品をしなければなりません。ということは、接客に集中するためには、作業班と接客班を分ける必要があります。その月のシフトを決めるとき、同時に作業班と接客班を決めておいたほうが効率的です。

次に、売場の一番奥の目立たないところか、バックヤードで検品をおこなうことが大事です。できるだけダンボールやビニール袋を売場に出しっ放しにしないようにします。作業班はお客様が来店したら、いったん作業の手を止めてお客様の顔を見て、「いらっしゃいませ」と元気よく挨拶してみましょう。接客班のスタッフは作業班の分も接客しなければならないので、しっかりと接客に集中してほしいと思います。

スタッフが作業に没頭してお客様に気づかないとか、お客様の視界をさえぎるほど品出しに夢中になっている姿は、お客様にとって気分のよいものではありません。作業と接客を分けて考えることによって、効率的な作業と接客の両立をめざしましょう。

22 お客様の「背後霊」にならない方法

よく現場の販売スタッフから相談されるのが、「お客様に声をかけても無視されてしまう」という悩みです。

無視されてしまうと、次のアプローチのタイミングが読めず、お客様の後ろをちょろちょろと背後霊のようについて回ることしかできないというのです。そして、しだいに自分を正当化してしまう傾向が強いようです。

つまり、「自分がお客様だったら、声をかけられてもうっとうしいだけだもんね」と思い込み、アプローチの意欲を失ってしまうのです。そうするうちに、さらにアプローチするのが怖くなり、ついには他の人に接客を任せるようになってしまうのです。

実は、こんな人は結構多いのです。

しかし、私はそんな人に、声を大にして言いたいことがあります。それは、「お客様は無視しているんじゃなくて、あなたのアプローチには答えにくいだけなんだ」ということです。よくいませんか？　買い物をしているとき、不気味な笑顔で近づいてきて、「何かお探しですか?」とたずねる人。そんなとき、「ハイ！　ジャケットを探しています！」とすかさずYESの反応を示すでしょうか。かといって、「いいえ、何も探してないわ。ただ見ているだけ」というのも、お店に入った手前、言いにくいものです。したがって、このようなアプローチでは、販売スタッフが無視されるのも当然です。

　お客様は買う買わないは別として、商品を見るのを楽しみに来店しています。購買目的で来店しているお客様ばかりではありません。そんなお客様に対して、返事のしにくいお声かけをすることに問題があることをまず理解し

ましょう。お客様は決して、無視したくてしているわけではないのです。また、すべてのお客様が、アプローチしてほしくないと思っているわけでもないのです。

アプローチのお声かけは、お客様ができるだけYESと答えやすい声かけにすることが大事です。お客様からYESの返事をいただくことができたなら、商品提案など次の接客のステップにスムーズにつなげることができるからです。

【YESが出やすいアプローチのお声かけ】＝〇

「こちらは入荷したばかりの商品なので、ご覧になってくださいね」➡「ハイ」

「ご試着もできますので、お声をかけてくださいね」➡「ハイ」

「どうぞ、ゆっくりご覧になってくださいね」➡「ハイ」

【無視される確率の高いアプローチのお声かけ】＝×

「何かお探しですか？」➡別に～？　見ているだけ～。

「〇〇（商品名）をお探しなんですか？」➡勝手に決めつけないで！

「こちら新しく入荷したんですけど、いかがですか？」

➡いかがって何？　私にどう答えてほしいの？

「お安くなってますので」➡そうですか、だから何？　安物買いで悪い？

このように、無視されやすいアプローチのお声かけは、お客様に対していきなり何らかのコメントを求めているものが多いようです。それに対して、ＹＥＳが出やすいアプローチのお声かけは、お客様にお店の雰囲気や商品を楽しんでいただくための一歩引いたお声かけになっています。

できるだけ、お客様からＹＥＳという返事をいただくアプローチを心がけましょう。きっと、アプローチのお声かけのバリエーションが増え、お客様って意外とアプローチしたら答えてくれるんだな、ということがわかってきますよ。

◎お客様は無視したくてしているわけではない。あなたのアプローチに、返事をするのがむずかしいだけ
◎お客様が「ＹＥＳ」と答えやすいお声かけをしてみよう

23 チームワークでできる「待機姿勢」

お客様がいないとき、つまりお店の中にスタッフしかいないとき、自分の存在を持て余していませんか？　スタッフが暇なときほど、お客様が入りやすいように仕向けることはむずかしいものです。

なぜならお客様にとって、店内に誰もいない店は、「すぐに販売員が寄ってくるのではないか」という不安を感じてしまうため、とても入りにくいからです。

ですからそんなときほど、「入りやすい店」を販売スタッフの「待機姿勢」で演出していかなければなりません。演出、という表現を使ったのは、「入りやすい待機姿勢」とは、実は自然にできるものではなく、お店の販売スタッフ全員がチームワークでフォーメーションを組まないとできないものだからです。

スタッフしかいないお店に入る、というお客様の勇気は相当なものです。それなのに店に入ったとたん、スタッフ全員から元気よく挨拶されたりすると、緊張してしまいます。だからこそ、お客様が入りやすい待機姿勢をしっかりと考えていく必要があります。

私が勤めていた宝石店では、日々の来店客数が少ないこともあって、お客様が入りやすい待機姿勢については、チームワークで臨んでいました。二〇坪の店舗で、土日になると販売スタッフは七人体制。どう見ても、店の前を通るお客様からは「待ち構えられている」と感じられる状況です。

これでスタッフが店頭に出ていたり、レジに固まっていたり、通行客を眺めたりしていると、絶対にお客様は入ってきません。

あるとき、あまりにもお客様が来店しないため、販売スタッフがお客様のフリをする作戦を実行しました。その

宝石店には制服はありませんでしたが、販売スタッフはスーツを着用することが規則でした。ですから、お客様役のスタッフはふだん着を着て、店頭でピアスを選ぶお客様役を演じたのです。

何とかお客様に入店していただきたい、という気持ちで真剣にお客様役を演じ、真剣に販売スタッフ役に徹していたのです。

そうすることでお店を活気づかせ、お客様が入店する流れをつくりだすことができたのです。

お客様が入りやすい店にするためには、同じ店で働く販売スタッフの協力姿勢がとても大事なのです。

◎お客様が入りやすい店にするにはスタッフの協力が不可欠

◎ときにはスタッフがサクラになってでも、お客様が入りやすい雰囲気をつくっていこう

24 先輩との「ペア接客」で自信をつける

短期間で接客を上達させる方法があります。それが「ペア接客」です。これは、店長や先輩とペアを組んで、一人のお客様を接客することです。

新人のときはまだ商品知識が少なく、お客様からの質問に答えられないことがあります。そんなとき、ついデタラメを言ってしまったり、できないことをできると伝えてしまうと、後々クレームにつながる恐れがあります。

また、お客様が買おうか買うまいか悩んでいるとき、購買意欲を高める一言がとっさに出ないといった販売力の未熟さで悩んでいる人も、ペア接客によって、店長や先輩の接客トークを直に学び取ることができます。

ペア接客は、通常より人数が多いだけに会話が盛り上がります。お客様と打ち解けるのも早く、商品の買上につながるケースも少なくありません。スタッフの手が空いていたら、できるだけペア接客をしてみてください。

■ペア接客の上手な活用方法

① ペア接客に入る前のセリフ

お客様に聞かれたことがわからなかったときは、「知識不足で申し訳ございません。他の者に聞いてまいりますので、少々お待ちください」と、聞いて来るフリをして、手が空いている店長や先輩をお客様のもとに連れてきます。

➡お客様の中には、そんなに仰々しくしなくても、と恐縮する人もいますが、上司を連れて来ることに関しては決して悪い気はしないものです。

② 店長や先輩を紹介し、お客様をほめながら一瞬でコミュニケーションを取る

販売スタッフ：「お待たせいたしました。この商品に関しては主任の○○が一番くわしいので、連れてまいりました」

主任：「主任の○○と申します。いい商品を見ていただいたんですね、ありがとうございます」と言って、ペア接客に入ります。

➡お客様をほめることによってコミュニケーションを取り、すぐに接客に入れるようにします。

③ おうむ返しに徹して説得力を高める

販売の主導権を先輩に移し、自分は先輩が言ったことをコンパクトにまとめて繰り返します。

主任：「これは、希少性が高くて残りわずかなんです。これから入荷する予定もないので、絶対にお勧めですよ」

販売スタッフ：「そうですね、希少性が高いので絶対にお勧めですよ」

➡おうむ返しすることによって、説得力が増します。

25 「複数接客」の上手なこなし方

来店客数の多いお店ほど、多くのお客様に対して公平に、なおかつていねいに接客ができるかどうかが大きな課題になってきます。

お店が忙しいとき、つまりお客様がたくさんいるとき、販売スタッフの身ひとつで複数のお客様のお相手ができる、というのは接客の大事なテクニックのひとつです。

店内がお客様でごった返すピーク時は、賑わいがさらに賑わいを呼んでしまう不思議な時間帯です。いつも混雑していれば問題ないのですが、暇なときは何をやっても暇で、コンスタントにお客様が来店してくださるという現象はそうはないものです。

したがって、ピーク時にいかに多くのお客様を接客し、効率的に売上をつくっていくかが重要になってきます。売れるときに売りまくる、というのは接客販売の鉄則なのです。

混んでいるときに来店されるお客様は、ほしいものが見つかって、スタッフのアドバイスが受けたいとか、もしくは試着をしたいと思っても、「店員さんも忙しそうだし、また、混んでないときに来ようかな」と思うことが多いものです。

しかし、そのお客様が、忙しくないときにまた来店してくれるかというと、実際はむずかしいようです。

お客様が商品を欲しているタイミングを逃してしまうと、結局は売り逃しにつながってしまいます。売り逃しを防ぐためにも、忙しいときほど積極的に接客していかなければならないのです。

大手のアパレルショップで接客調査をおこなっていたとき、複数接客の上手な販売スタッフがいました。そのアパレルショップは、二〇代の女性から絶大な支持を受けているブランドで、調査をおこなった時間帯も、若いＯＬ風の女性で店内が混み合っていました。

商品を見ていると、女性の販売スタッフから、「どうぞ、ご試着してみてください」とのアプローチがあり、試着室に案内してもらいました。その販売スタッフは、試着室のカーテンを閉めながら、「お客様すみません。隣の試着室にいらっしゃるお客様を先に接客しておりますので、ご試着されたらお声をかけてくださいね。隣にいますので、すぐにまいります」と断りを入れてくれたのです。試着室を出ると、その人は、他のお客様と話をしながらも、私を見て笑顔で会釈してくれました。

このスタッフがすごいのは、複数接客していることをお客様にきちんと伝えて断りを入れるという、公平な対応ができているところです。

そして私が一番感動したのは、お客様が試着している時間を使って、売場にいる他のお客様の動きに気を配り、積極的に販売につながる行動をしているというところでした。

お店のピーク時にきちんと売上をつくるということを理解し、それを行動に移す意識が高い人ほど複数接客がうまいといえる事例です。忙しいピーク時こそ、お客様の様子にふだん以上の気配りをする必要があるのです。

◎一人で何人ものお客様を相手できるかどうかで、売上を上げられるかが決まる
◎目配り、気配りで、公平な接客を心がけよう

26 ロールプレイングで、あなたも「俳優」に変身

販売スタッフなら誰しも、「一期一会」の気持ちで接客していることと思います。一期一会とは、「このお客様とは、もしかしたら二度と会うことはないかもしれない。今この瞬間を大事にしよう」という気持ちのことです。

こうした、「一客入魂」のていねいな接客をするからこそ、お客様をリピートさせることができるといっても過言ではありません。しかし、いきなりお客様の心に残るような、印象深い接客をすることはむずかしいことです。

何事もうまくなろうと思えば、必ず練習が必要となってきます。接客の練習にあたるのがロールプレイングです。ロールプレイングは、スタッフがお客様役と販売スタッフ役を演じて、接客トークを磨くためのものです。

しかし、このロールプレイングが嫌いという人は少なくありません。私も、その気持ちはとてもよくわかります。第一にロープルレイングしている姿を他の人に見られるのはかっこ悪い、第二に真剣にやってもロールプレイング通りの反応を示すお客様

はいない、という理由から、「やっても無駄なんじゃない？」という気がするからです。

しかし実際のところ、販売力のあるスタッフは、このロールプレイングが上手です。それに対して、販売力の低いスタッフに限って、ロールプレイングが下手な場合が多いようです。さらに、下手なのをごまかすためにふざけたりする傾向があるので、いつまでたっても上達しません。

接客が上手になりたいと思ったら、素直に自分に販売力がないことを認めて、しっかりと練習したほうが近道です。

ロールプレイングが身につけば、本番を難なく乗り切ることができ、さらに臨機応変な接客をすることができます。販売スタッフであるあなたは、お店という舞台でお客様を楽しませる「俳優」であるといっても過言ではありません。販売スタッフという役を徹底的に演じることによって、より満足度の高い接客をお客様に提供することができるようになるのです。

「演じる」というと、本心を隠して演技でごまかすようですが、それはちょっとちがいます。素顔のあなたのテンションやノリは、お客様を楽しませるのに十分ですか？　ほとんどの人はノーと答えると思います。

だからこそ、接客中はふだんよりもずっとテンションを上げて臨まなければならないのです。あなた自身が楽しい接客をお客様に提供するために必要な手段が、このロールプレイングなのです。

朝礼などの時間を使ってロールプレイングをおこない、朝からテンションを上げてお客様を楽しませる接客を心がけてみてください。このロールプレイングを継続することで、あなたの販売力やお客様とのコミュニケーション力は必ずアップします。また、売上が伸び悩んでいるときも、ロールプレイングをおこなうことで、みんなのテンションが上がり、売場を明るく活気づかせてくれます。

【ロールプレイングにおける七ヵ条】

①販売スタッフ全員でおこなう

ロールプレイングは、店長や先輩社員が率先しておこなう必要があります。しかし、店長や先輩社員が何のアクションもしなければ、新人でも店長や先輩社員に打診して、ロールプレイングをおこなう方向に持っていきましょう。接客がうまくなりたいという前向きな姿勢があれば、上司を動かすことができます。まわりを巻き込んで、全員でおこないましょう。

②同じ時間帯で毎日おこなう
不定期ではなく、朝の朝礼や終礼など、毎日同じ時間帯におこなうようにすると継続します。

③二人一組になっておこなう
ロールプレイングをおこなうときは、基本的にお客様役と販売スタッフ役に分かれ、お互いが真剣に役になりきって進行していくことが大事です。ひと通り終了したら、お互いの役を交代します。気心が知れているスタッフ同士とはいえ、ロールプレイング中に笑ったり、相手を馬鹿にするような言動はしないようにしましょう。

④シーンを変える
お客様とコミュニケーションを取るとき、商品にふれながらよさを伝えるとき、クロージングするとき、ペア接客するときなど、いろいろとシーンを変えながら、どんな場面でも臨機応変な対応ができるようにしましょう。

⑤悪かった点を反省し、よかった点をほめる
ロールプレイングがひと通り終わったら、相手のよかった点を挙げ、ほめ合うようにしましょう。また、今ひとつだった点に関しても伝え、どうしたら克服できるかを話し合うようにします。お互いが、お互いのよきアドバイザーになることを心がける

ようにしましょう。

自分ができていないからといって遠慮せず、その人のレベルアップにつながるポイントを伝えることが大事です。

⑥ローテーションする

マンネリ化しないように、パートナーを交代することも必要です。新鮮な雰囲気で練習できるよう、どんどん相手を替えていきましょう。

⑦店長がチェックする

店長みずからロールプレイングをチェックし、よい点、今ひとつだった点を伝える必要があります。販売スタッフだけではどうしても甘い判断基準になりがちなので、店長は監視役としての役割をはたしていく必要があります。

◎ロールプレイングは、本番の接客がうまくなるために欠かせない練習
◎お客様を楽しませるために、俳優になったつもりでやってみよう

27 「試着後の第一声」が買上の決め手

先日、秋もののスーツを買いに、とあるお店に行きました。秋らしい茶色のパンツスーツを見つけ、試着させてもらいました。フィッティングルームの鏡を見ると、ストレッチのパンツが太ももにピッチリ張りついているものの、丈の長いジャケットがしっかりとお尻をカバーしてくれるおかげで、鏡の中の私はちょっと足が長く見えるようでした。

「むむ……。足は太いしお尻はでかいけど、これなら足長でカッコよく見えるかも？」と思いながら、販売スタッフの「お客様いかがですか～？」の声を合図にフィッティングルームを出ました。

すると、その女性スタッフは笑顔で開口一番、「お客様、足長いですね～」と言ったのです。自分が思っていたことを彼女が代弁してくれたようで、「やっぱり～！エヘッ」とうれしくなりました。

私がスーツを買うのは、ほとんど仕事用です。彼女はこちらの心を見透かすように、

「お客様はスーツが板についているので、もちろんお仕事用ですよね」と言うのです。スーツといえば仕事着なのは当然でも、「板についている」という表現をされると、「デキる女」みたいで悪くないな、と思いました。

するとすかさず彼女は、「この襟を少し立ててみてください。ほら、デキる女性に見えますよ！」というのです。私は自分が思っていることをどんどん言い当てられたのですっかり驚き、この人ならまちがいないと、感動を覚えながらそのスーツを購入しました。

お客様が商品を試着するときは、大前提として、買う気持ちが買わない気持ちより大きくなっています。当たり前のことですが、ほしいとか買いたいと思っているからこそ、商品の使い心地や機能性を試すわけです。この大チャンスを逃すわけにはいきません。

「これほしい！」というお客様のドキドキした気持ちをこわさず、さらに盛り上げて買上につなげていくのが販売スタッフの役目です。試着後の第一声というのは、お客様のドキドキ感をパワーアップさせてくれる魔法の言葉なのです。

■お客様を買う気にさせる魔法の言葉

	トーク例
①商品がお客様にどのように似合っているかをほめる（商品だけをほめてはダメ）	●お客様の身体的特徴をとらえてほめる →「お客様はお肌が白いから、この色合いはとてもお顔映えしますね」 →「お客様はスラッとしていらっしゃるので、さらにスリムに見えますね」 ●お客様の雰囲気をとらえてほめる →「お客様の女性らしい雰囲気にとってもマッチしていますね」 →「お客様の元気なイメージにピッタリの明るい色合いでちょうどいいですね」
②お客様の反応を見て、サイズの調整をする（お客様に合うサイズを提案しながらも、傷つけない配慮が必要） 	● サイズが合っている場合 →「まさにお客様のためにつくられたような感じですね」 →「サイズピッタリなのをシンデレラサイズ、っていうんですよ。これが着こなせるってステキです」 ● サイズが大きい場合 →「ワンサイズ小さ目だったらピッタリだと思いますが、わざと大きめのサイズを、ラクに着ていただいている方もいらっしゃいますよ。いかがいたしますか？」 →「細いからうらやましいですね。どんなお洋服でも着こなせるでしょう？　ワンサイズ小さ目のものも着てみますか？」 ● サイズが小さい場合 （背が高いお客様に対して） →「スラッとしていてうらやましいですね。手足が長いので、七分丈で着ていただいてもカッコいいですよ」 →「お客様が着ると、洗練されたイメージになりますね。お客様だから似合う着こなしです」 （ふくよかなお客様に対しては、大き目のサイズからお勧めする） →「どちらもちょうどよさそうですが、試しに両方はいてみてください」 →「こちらがすっきりして見えますね」 →「しゃがんだりするので、少しゆとりがあったほうがいいですね」 →「女性は腰位置が高いから、股上が深い方がいいですよ」 →「身体のラインをきれいに見せてくれるので、みなさんピッタリとした感じで着られていますよ」

【試着後に買上率をアップさせるポイント】

①お客様が試着室から出てきた瞬間に感想を述べる（レスポンスを早くする）
②お客様に対して下手にゴマをすらない（見当ちがいのほめ言葉は危険！）
③あいまいな言い方をせず、ハッキリと伝える（お客様は背中を押されたがっている）
④コーディネートで提案する（使用シーンをイメージしやすいように）
⑤代替品の提案をする（代わりに提案できる商品をシミュレーションする）

◎お客様が、フィッティングルームから出てきた瞬間が勝負。このタイミングを逃さないこと
◎お客様は気に入ったからこそ試着している。ほしい気持ちをさらに後押しする一言を待っている

28 商品への「愛情」が、お客様への「愛情」に変わる瞬間

販売スタッフにとって、「商品」は二つに分かれます。一つは自分のお気に入りの商品。自分自身、商品に対して「愛情」を持っているため、その商品のよいところを接客トークに活かしてお勧めすることができるため、比較的簡単に販売することが可能です。二つめはどうしても好きになれない、「売りたくない商品」です。どうしても自分が愛情をもてない商品をいかにして販売していくかということは、販売スタッフの永遠の課題と言えます。

お客様の趣味嗜好は、販売スタッフの意見と一致しないことがままあります。かくいう私も、この問題に頭を悩ませていました。「えっ？　本当にこれでいいの？」というような一般ウケしそうにない商品にお客様が興味を示すと、正直なもので「ステキですよね～」と当たり障りのないことしか言えず、結局売れなかった経験を重ねていました。

商品に愛情をもっていないので説得性に欠け、「売りたいだけのエゴ」がお客様に

伝わってしまっていたからです。

どうしても好きになれない商品を、自信をもってお勧めするためには、まず、その商品を自分なりのアイデアで使ってみることが一番です。宝石であれば、ヘンな指輪だな、という事実は認め、どうしたらその商品が一番かわいく見えるかを研究するのです。

「中指につけたほうが見栄えがするかも」「この金のシンプルな指輪と重ねづけするとオシャレに見えるかも」「いっそ、ペンダントトップとして使ったら斬新かも」と、どんどんアイデアを出して、商品を実際に身につけたり使ったりしてみるのです。

次に、「その商品がもたらすお客様へのメリット」を一〇探すようにします。好きな商品であれば、よいところを一〇みつけるのはカンタンです。しかし、好きではない商品だったら、よけいにそのよいところを同じ数だけ言えないと、お客様によさは伝わらないものです。

「誰ももっていない希少性の高い商品かも」「お客様の個性を引き立ててくれるかも」「まわりの人から注目されるかも」とアイデアを出して、それを接客トークに活かすのです。

しかし、一人で一〇ものメリットを考えるのは至難の技です。そのためには、他の

■「接客」をどうとらえるか？

広い意味での「接客」のとらえ方

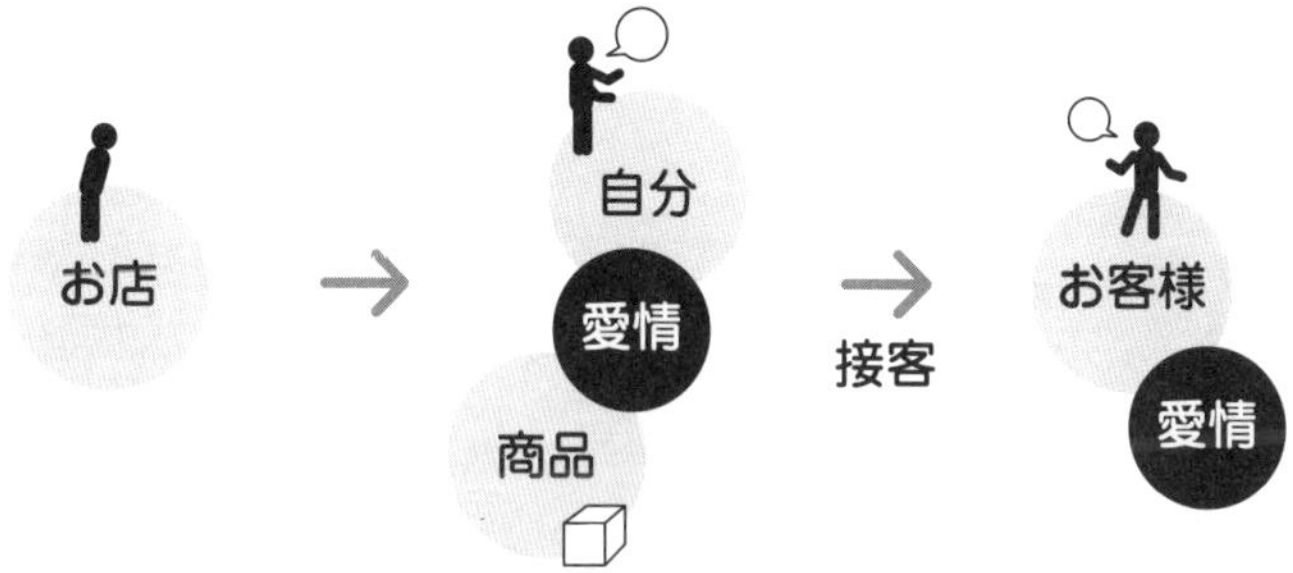
お店
自分
愛情
商品
接客
お客様
愛情

お店という器の中で、商品を輝かせるために販売スタッフがいる。販売スタッフと商品の間に、愛情や信頼関係があれば、その想いはお客様にも届く。それが「接客」というものであるととらえている。

狭い意味での「接客」のとらえ方

お店
商品
愛情
自分
接客
お客様
愛情

お店という器の中で、商品という売り物がある。その中で自分がパフォーマンスすることによって商品が売れる。それが接客であるととらえている。

※これは正しい・正しくないの問題ではありません。あなたはどちらの意味合いで接客しているかを考えてみてください。

スタッフの目にうつるメリットがどのようなものか、ロールプレイングを通じて聞き出してみることが必要です。

「売りたくない商品」を売ることができたときの喜びには、感慨深いものがあります。「ヘンな商品のよいところを見て買ってくださってありがとう！」という、お客様に対する感謝の気持ちをもつことができます。何とかその商品のよいところだけを見つめ、「愛情」をもつようにすると、商品はそれに答えてくれます。そしてその「愛情」が買ってくださったお客様への「愛情」へと変化していくことが、販売の醍醐味といえるでしょう。

◎「好きな商品」＝「売れる商品」ではない。好きになれない商品でも、よいところを探す努力を
◎好きになれない商品を買ってくださるお客様には、愛情を感じられるようになる

29 まずは売上以外で一番をめざそう

一人前の販売スタッフの条件とは一般的に、年間で一五〇〇万円以上の粗利益を出すことと言われています。婦人服専門店であれば粗利益率は四〇％前後なので、年間三七五〇万円以上の売上実績が必要です。宝石や呉服専門店であれば粗利益率が五〇％前後なので、年間三〇〇〇万円以上の売上を上げることが一人前の条件と言えます。

入社してすぐ、これくらいの売上を上げることができれば理想ですが、なかなか簡単にはいかないのが現実です。また、販売スタッフは商品を売ることにモチベーションを感じるわけですが、入社して一～二年目の販売スタッフが売ることだけにモチベーションを感じていると、早々と挫折してしまうケースが多いようです。

まずは、売上以外のことで一番をめざし、そこで自分のヤル気を高めたほうが、販売を楽しむことができます。販売には売上以外に、いろいろな一番を取れるチャンスがあります。

まず一つ目は「客数一番」です。誰よりも早くお客様に声をかけ、接客した件数で店内一番をめざしてみてください。接客を数多くおこなっていく中で、あなたから買いたいと言ってくれるファンが確実に増えます。

二つ目は「小物商品一番」です。ほとんどのお店は、集客のため、低単価の小物商品を店頭に陳列しています。その小物商品の鮮度管理をし、積極的にお客様にお勧めすることによって、店全体の商品の動きがよくなります。「小物商品を数多く接客することによって、二点、三点とお買上いただく「セット販売」のコツや、単価の高い商品につなげる「単価アップ」の技術

■こんな一番をめざしてみては？

売上以外で一番になれること	
1	客数一番
2	小物一番
3	お店の掃除一番
4	ディスプレーセンス一番
5	商品クリンリネス一番
6	イベント企画一番
7	ＰＯＰ書かせたら一番
8	元気な挨拶一番
9	お客様の顔と名前を一致させる一番
10	情報一番 （今日のニュースなどをスタッフに伝え、接客のネタに使ってもらう）

が身につきます。小物商品を地道に販売することで、店のスタッフから「雑貨隊長の麻美子」とか「ピアスハンター進」などと言われるくらいになりましょう。

三つ目は「掃除一番」です。あなたがお店の中で一番キャリアが短いペーペーだとすると、他のスタッフがあなたに期待していることは、ズバリ掃除です。掃除は誰もやりたがりませんから、一番になることは簡単です。「掃除かぁ～」とブルーになる必要はありません。お客様に喜んでいただくための一番基本的な部分が掃除なのです。このことを理解して掃除をしているか否かで、後々の売上の数字にもちがいが出てきます。

売上以外のことで一番をつくるということは、自分のヤル気を引き出し、販売の技術をアップさせる大きな原動力になるのです。

◎新人のうちは、売上で一番をめざさなくてよい

◎「客数」「小物商品」「掃除」……。一番になれるものはたくさんある

2-10 お客様を感動させる「客注商品」の渡し方

店頭でサイズやカラーが欠品していたとき、お客様がカタログにしか掲載していない商品を気に入ってしまったとき、オーダー品などを注文するとき、客注が発生します。その客注商品を取り寄せて、お客様にお渡しするとき、あるテクニックがあるのです。

客注するときのお客様は、「すぐにほしいけど、ちょっと待てば手に入る」という、じれったいけどワクワクした気持ちでいっぱいです。お店に客注商品が届いたら、まずご注文いただいた日から何日経過しているか、客注ノートを見て調べます。そしてその日数を、入荷を知らせる電話のトークに組み入れるようにします。

例）「進さん、先日はありがとうございました。ご注文の商品が今朝届いたので、すぐに進さんにお伝えしないと、と思ってお電話させていただいたんです。一〇日間もお待たせしてしまってすみませんでした。とてもステキな商品が届いていますので、早く進さんに見ていただきたいと思っていますが、いつごろでしたらご予定が空いていらっしゃいますか？」

というように具体的な日数を入れることによって、お客様に「あの店員さん、ちゃんと覚えてくれていたんだな」と思っていただくことができます。

「お客様も待っていたかもしれないけれど、私も同じように待っていたんですよ」という販売スタッフの姿勢が伝わると、信頼のおける人にお願いしてよかった、と感じていただくことができるのです。

入荷を知らせる電話では、お客様が来店できそうな日にちをおうかがいすることも大事です。あなたが接客を担当したのであれば、できればあなた自身の手でお客様に渡すのが礼儀というものです。

もし、お客様の予定が立たず、来店日がわ

からないと言われたら、定休日とあなたの休日を伝え、できるだけそれ以外の日に来店していただくようにお願いします。

例）「当店は毎週水曜日が定休日となっておりまして、私は来週の金曜日にお休みを頂戴します。こちらの都合で申し訳ないのですが、進さんには、私が直接お渡ししたいと思っていますので、ご検討いただければと思います。金曜日にいらっしゃった場合でも、他のスタッフに伝言しておきますので、ご安心くださいね」

お客様がご来店になったら、「とてもステキな商品が届いていますよ」と言って、注文品をお客様に確認していただきます。お客様は「やっと手に入った！」という喜びの気持ちでいっぱいです。客注商品をお渡しするときは、お客様の気持ちを目いっぱい盛り上げる演出をしてあげてください。

◎入荷を知らせる電話では、お待たせした日数を伝える
◎なるべくあなた自身の手で、お客様に商品をお渡ししよう

2-11 お客様名簿の「棚卸」をする

あるリサイクル着物と和雑貨の複合ショップでは、着物を買ってくださったお客様はもちろん、一〇〇円の雑貨を買ってくださったお客様にも名前や住所を書いていただいて、名簿を取るようにしています。

現在はポイントカードを発行し、顧客管理をおこなうようになりましたが、名簿に関しては以前のままレジに台帳を置き、スタッフが「お買い得セールのご案内を送らせていただきたいので、ぜひお名前をお願いします」というお声かけをして名前を書いていただくといった、アナログ的なやり方です。

こうしたやり方で、二店舗合わせて一年間で七〇〇〇名の名簿を取得することができました。

これだけ真剣に名簿を取っているのは、お客様の名簿が、お店にとって命のように大事なものであることをスタッフ自身が知っているからです。

そのお店が、開店一周年を記念して、初めて店外でのイベントをおこなうことになりました。集めた名簿をもとに、五〇〇〇名のお客様に対してＤＭを発送したところ、何と二〇％のレスポンスがあったのです。

最終的に、来場客数は一〇〇〇名を越え、買上客数は五〇〇名、平均客単価二万円で売上は一〇〇〇万円を越えました。

客単価の低いものから品揃えしていたものの、予想以上の来場客数に、販売スタッフはてんやわんやの大騒ぎでした。

着物のイベントですから、私は新品着物や価格の高い商品を購入した人だけにＤＭを発送しているものと思っていました。

しかし実際は、雑貨を購入してくださった若いお客様にも郵送していたようです。「若い子が着物を買うのかしら……」と思っていたところ、何とその若い女性はお母さんを連れてきて、振袖を選んでいるではありませんか。

低単価の商品でも、購入していただいたお客様を大事にする、という姿勢が実を結んだのです。

買上金額ごとにＳランク、Ａランクというように、お客様をランクづけするお店は多いことと思います。

しかし、買上金額の高いお客様が、コミュニケーションがよく取れているお客様か

■直近来店客に対して反響のあったDM

というと、そうでもない場合があります。

①年間の買上金額の高い人
②年間の来店頻度の高い人
③直近来店して購入した人

イベントや催事に一番よく来てくださるのは、③の直近来店して購入していただいたお客様で、年間買上金額の高い方より、来店していただける確率が高いのです。

名簿は鮮度が命です。一度名簿を棚卸してみてはいかがでしょうか。

◎買上金額の少ないお客様も、お得意様になる可能性はある
◎最近来店されたお客様は、イベントや催事にも来てくださることが多い

2 12 店長と先輩の指示がちがうときの対処法

新入社員のときは誰でも、右も左もわからず、ただただ店長や先輩から言われたことをしながら、何とか毎日を切り抜けていくものです。慣れないうちは、店長や先輩から言われた通りにやったつもりなのに、お客様から怒られてしまったりなど、何だか腑に落ちないこともあるでしょう。

その理不尽さの最たるものは、「店長と先輩の指示がちがう」ことではないでしょうか。先輩に「ちょっとこれ、ディスプレーしておいてくれる？」と商品を渡されます。言われた通りにその商品をディスプレーしようとすると、店長がやって来て、「何やってんの！　ディスプレーの前にやることあるでしょうが！」と言って検品を命じられたとしたら、どうしますか？　この場合、以下のA、B、Cのどの答えが一番正しいでしょうか。

A　「すみません。すぐに検品します」と言って、ディスプレーをやめて検品に取りかかる。

B　「だって、先輩にディスプレーしておいてって言われたんです」と言ってディスプレーを先に終わらせようとする。

C　「先輩にディスプレーを頼まれたので、この後すぐに検品しますけどよろしいでしょうか？」と言って、店長の許可を得てディスプレー後に検品に取りかかる。

もちろん一番感じがいいのはCですね。Aだと、あなたを通して自分が怒られてしまったようで、先輩はいい顔をしません。Bでは、店長に反抗することになってしまいます。Cのように状況を伝え、そのうえで店長の指示を仰ぐのが、どちらに対しても失礼のない対応です。

しかし理想を言えば、先輩からディスプレーを命じられたとき、「店長、ディスプレーに取りかかりますが、何か他にやることはありますか？」と確認しておくほうがベターです。

そうすると店長も、「そうねぇ、悪いけど先に検品しておいてくれる？」と言いやすいし、何と言っても自分自身が怒られずにすみます。そして先輩には、「すみません。店長から検品を先にと言われたので、終わってからすぐにディスプレーをやります」と伝えれば波風が立ちません。

現場では、先輩の後輩に対する指示について、店長が快く思っていないことも多々あります。最終責任者は店長ですから、先輩から指示が出た段階で、まず店長に確認を取ることです。

それが、スタッフと仲よくやっていく秘訣でもあるのです。でも、一番理想的なのは、上の人から何か言われる前に自分から、「これ、やります」と申し出ることです。

◎複数の作業を同時に命じられたときは、責任者である店長に状況を説明し、指示を仰ぐ

◎指示されるのを待つだけでなく、自分から「これ、やります」と申し出よう

2-13 「店長の仕事」をなくしていこう！

姫路に本拠地を置くアンティーク着物店は、着物という専門的なものを幅広い年齢層のお客様に販売し、一店舗当たり八〇〇〇万円の売上をつくっています。この店は、平均年齢二四歳と、とても若い女性スタッフで構成されています。

その中でも一番若い二〇歳の販売スタッフから、このような相談を受けました。

「自分は、お店をよくしたいという気持ちが、人一倍あるつもりですが、経験も浅いし年齢的にも未熟なので、お店の中でどのような役割をはたしたらいいのかわかりません」

という悩みでした。

私がアドバイスしたのは、「まずは、店長の仕事をなくしてあげてください」ということでした。「店長の仕事をなくす」とは、店長の仕事の負担を軽くする、という意味ではありません。「店長でなくてもできる仕事は店長にはさせず、自分がやる」という意味です。店長の仕事は大きくいうと、スタッフと売上と商品の管理です。

しかし、それ以外にも店長がやっている仕事は実はたくさんあります。特に面倒見のよい店長ほど、店長が中心となってしなくてもいいような掃除やディスプレー、品出し検品、朝礼の司会などにがんばる傾向があります。

こうした、店長がしなくてもいい仕事に気づいてあげ、店長に代わって仕事をすることは、あなた自身の役割に気づく大きなポイントとなります。たとえば、店長がお店の什器を拭き掃除していたとします。「店長が好きでやっているからいいんじゃない？」と思うのではなく、「拭き掃除だったら、店長じゃなく私でもできる」ということにいち早く気づいて、「店長、私が

■あなたにもできる仕事はどれ？

店長がすべき主な仕事	店長がしなくてもよい仕事
①売上アップ	①掃除
②数値管理	②検品
③年間売上計画の作成	③品出し
④ワークスケジュールの作成	④商品補充
⑤販促計画	⑤ディスプレーなどの売場づくり
⑥イベント企画	⑥低単価品の接客
⑦スタッフの採用などの人事	⑦商品のクリンリネス
⑧スタッフへの指示・指導	⑧ＰＯＰの作成
⑨店長候補の育成	⑨販促ツールの作成
⑩競合調査	⑩レジ締め

やります」と言えるかどうかが大事なのです。

このように、お店の中で自分の役割を見つけたいと思っているなら、まず店長の仕事内容を見極めることが大事です。また、店長がしなくてもよい仕事は、率先して自分がやるということです。そしてその分野を、他のスタッフが「すごい！」と感心するまで極めるのです。

「○○さんがディスプレーを変えると、お客様の入店率がちがう！」

「△△さんが書くＰＯＰは、必ずお客様が立ち止まって見ている！」

など、何でも構いません。

店長にしかできない仕事は店長に任せ、あなたにしかできない仕事をどんどん探していって、その仕事で周囲の評価を得てほしいと思います。

◎何をすべきかわからないなら、まずは店長の仕事をなくしていこう

◎すべきことをみつけたら、その仕事をとことん極めよう

2-14 「お客様争奪バトル」はこうして解決！

どんなに仲のよい販売スタッフ同士でも、同じお店の中で働いていれば、水面下では必ず「お客様争奪バトル」の火花を散らしているものです。

たとえばいつも担当するお客様が、自分が休みの日に来店し、自分が勧めた商品を他の販売スタッフから買っていたとしたらどうでしょう。「私のお客さんなのに、○○さんに取られた！」とついつい思ってしまうのがホンネでしょう。

こうした「お客様争奪バトル」は、放っておくと販売スタッフ同士の仲が悪化して、内部崩壊につながるケースも珍しくありません。

販売スタッフはよく、自分が接客したお客様を「私のお客さん」と言い、他のスタッフが接客していたお客様は「○○さんのお客さん」という表現をします。このことについて、私は少し疑問を持っています。なぜなら、「○○さんが接客してくれなきゃイヤッ！」というような常連のお客様でも、「○○さんのお客様」という個人の所有物みたいに扱われることをよしとする人は少ないからです。お客様は販売スタッフが思っているほど、スタッフ個人の魅力だけで商品を買っているわけではないのです。

一般的に、お客様がスタッフ個人の魅力だけで商品を買う割合は三〇%前後なのに対して、お店の立地条件や雰囲気、イメージなどで購入する割合は七〇%と言われています。

以前、北海道のランジェリーショップで、この数字の検証をしたことがあります。そのお店はヤング、キャリア、ミセスなど、テイストのちがう六つの店舗を半径一キロ圏内にドミナント出店し、売り筋の定番商品だけはどの店も共通して品揃えしていました。

店長たちはみな販売力があり、サービスに対して意識が高く、固定客を数多く持っていました。お客様が自分で下着を正しくつけることができるように、必ずフィッティングを勧めるなど、コミュニケーション度は非常に高いものでした。

その六店舗の中で店長たちは、何度か異動を経験しています。

そこで各店長さんに、自分が異動してしまったことで、以前勤めていた店のお客様が来店しなくなったかどうかヒアリングしてみました。するとどの店長も、「いいえ、今の店長がフォローしてくれているので大丈夫です」と答えたのです。

また、店長の異動先のお店に、前の店のお客様が、どのくらい店長を慕って来店してくれているのかをたずねてみました。するとまた、どの店長も同じように「確かにお客様は、新しい勤務先にわざわざ来てくださるなど、私のことを気にかけてくれます。でも、実際に異動先のお店で買うかというと、二～三割の人が最初のうち買ってくれるだけで、その後は、以前いたお店で買っているようです」と言うのです。

　このように、非常に親密にしていた店長がいなくなっても、お客様はお店を変えないということがわかります。もし仮に、お客様がスタッフ個人の魅力だけで商品を買っているとしたら、場所も近いのだし、店長の異動先で買うでしょう。あるいは、店長がいなく

なってしまったから、もう行かない、というケースも考えられます。

しかし、店長の目から見ても、以前勤めていたお店で買ってくださっていたお客様は、自分がいなくなってもそのお店で買い続けてくださっているようなのです。

確かに、販売スタッフの熱狂的なファンであれば、追っかけのようにその販売スタッフがいるお店でしか買わない、ということもあり得ます。

しかし、ほとんどのお客様は、お店の立地環境が、雰囲気が、商品が好きだからこそ買っているのです。それに接客がプラスアルファされて、あなたから買いたいという言葉がお客様から出るのです。あくまでもお客様を惹きつけるベースはお店にあるということを、販売スタッフは理解しておかなければなりません。

お客様は、「○○さんのお客様」ではなく、「お店の大切なお客様」であり、取った取られたではなく、誰が接客してもお客様が楽しくお買い物できることが大切なのです。

顧客争奪バトルが起こってしまう原因は、自分のほうが他の販売スタッフより、接客力が上だと過信するところにあります。また、個人の売上を確保しようとするエゴによるものであることがほとんどです。お客様やお店のことではなく、個人の売上だけを考えていると、大切なことを見失ってしまいます。

冒頭の例のように、自分の顧客が休みの日に他の販売スタッフから商品を買ったということがあれば、お互いの協力で売上がつくれたということで、売上を六：四に分けるようにして、他のスタッフが代わりに売ってくれて本当によかった、あのときあの商品を見てもらっていてよかったと思うことが大事です。

また、店内キャンペーンとして「接客協力賞」という賞をつくり、こうした状況をフォローしてくれた人をどんどん表彰していくのもいいかもしれません。バトルが起こりそうなときには、お店のことが好きで、そしてお店にいるあなたが好きで来店してくださるお客様のことを思い出してみてください。

同じ店の中で働いている者同士が、バトルを繰り広げることの馬鹿馬鹿しさに、きっと気づくはずです。

◎お客様は、販売スタッフの力だけで来店しているわけではない
◎販売スタッフ同士が力を合わせて、お客様が楽しく買物できる環境をつくろう

2-15 「接客自慢大会」でやる気アップ

「接客研修なんてかったるいな」と思うことはありませんか？　外部から突然講師が来て、おじぎの仕方やらていねいな言葉遣いの大切さやらをえんえんと語り、「いらっしゃいませ」とでっかい声でロールプレイングさせられた日には、本当にブルーになってしまいますよね。

外部講師による接客研修は、「しんどいわりに、現場で役に立たなかったりするので効果がよくわからない」という販売スタッフの声をよく耳にします。

私自身もヒトゴトではありません。このことを肝に銘じて、接客研修をおこなうときには、スタッフが研修そのものを楽しめるようにしています。それには、スタッフが研修の中でやる気をアップさせられる部分をつくることです。そのために、私は研修の中に必ず、「接客自慢大会」を入れるようにしています。

「接客自慢大会」とは、読んで字のごとく、自分が今までどれくらいお客様とよい交流を持てたかを、みんなの前で堂々と自慢してもらうことです。このことについて発表してもらうと、スタッフの目がイキイキとしてきます。また、他のスタッフもみな、固唾をのみながらしっかりと聞いてくれます。

なぜ接客自慢をすると、スタッフのやる気が出るのでしょうか。答えは簡単です。販売スタッフはふだん、他のスタッフから、「あなたの接客ってこういうところがいいよね」とほめられる機会が圧倒的に少ないからです。売上の数字はほめられることはあっても、接客のプロセスをほめられることはまずありません。

なぜなら、接客のプロセスにはスタッフそれぞれの性格が顕著に出るため、それを批評するのは、微妙な問題だからです。

また、たとえお客様から接客姿勢をほめられたとしても、それを自分から話すのは、自慢しているような気がしてできないものなのです。

このように販売スタッフは、接客がメインの仕事であるにもかかわらず、それについて語る場を持っていません。そこで、研修中に語ってもらう時間をつくり、今までの自分の接客をふり返る作業をおこなってもらいます。

お客様とのかけがえのない出会いや、お客様から教わったことなどなど、「接客自慢大会」をおこなうと、販売スタッフの顔はみるみる笑顔になっていきます。接客が大好きだからこそ、それを語る場ができてうれしいから出てくる笑顔なのだと思います。聞いている人も、そんな感動的な接客をめざしたいとやる気に満ちあふれてくるのです。

全国に十一店舗展開しているスポーツショップで、接客研修をおこなったときの話です。各店舗から集まった入社三～五年目の中堅どころの販売スタッフに、「接客自慢大会」をしてもらいました。小倉店の野球売場担当のAさんの話がとても印象に残りました。

彼の話によると、近所にある男子高校の野球部に通うS君は、いつもAさんを訪ねて野球用品を買ってくれていたそうです。そして、S君のお父さんも草野球チームを持っていて、頻繁に来店してくれていたそうです。

そんなお父さんをAさんは、「S君のお父さん」と親しんで呼び、S君が来店したときは、この前はお父さんとこんな話題で盛り上がったよ、ということを伝えてコミュニケーションを取っていたようです。しかし、Aさんは広島店に転勤することになりました。

それを聞いたS君は、父親だけでなく、母親や妹さんまで連れて、Aさんにお別れの挨拶をしに来てくれたそうです。いつも親切に、的確なアドバイスで商品を選んでくれたAさんの接客姿勢に、親子ともども厚い信頼を寄せていたようです。

家族の一員のように思っていたのでお別れは寂しいけれど、最後に家族全員で、今までのお礼を言っておきたくて来店されたということでした（ちなみに、餞別として現金を渡されたそうですが、こちらは丁重にお断りしたそうです）。

感動したAさんは、広島に行っても、自分を信頼してくれるお客様を一人でも多くつくろうと心に誓ったそうです。聞いている他のスタッフも拍手喝采でした。

このように接客自慢をおこなうと、自分の接客のどのようなところがお客様に評価されているのかということや、自分の接客がお客様の役に立った、ということを確認することができるので、自信を持つことができます。

また、聞いている他の販売スタッフも、成功体験のノウハウを共有化することができ、よい刺激を受けることができます。

何も研修の中だけでなく、朝礼や終礼の時間を使って、接客自慢の時間をつくることで、販売スタッフのヤル気を引き出すことが可能です。日々のお客様との楽しかったこと、感謝されたことを一言ずつ販売スタッフにしゃべってもらうだけで、お店の中の空気が明るくなります。

売れていない日ほど「接客自慢大会」を取り入れて、販売スタッフのヤル気をモリモリとアップさせ、明るい空気をお店の中に充満させてください。

◎接客について語る機会は案外少ないもの。堂々と自慢できる場を設けてみよう

◎自分の接客に自信がつき、成功体験を共有化することができる

2-16 クレームが起きたときの「誠実な対応」

おっちょこちょいな私は販売スタッフ時代、何度か大きなトラブルを起こしたことがあります。お客様から怒られて、店長にも迷惑をかけてしまい、「もう辞めたほうがいいかも……」と、落ち込んだこともたびたびありました。

その中で最も印象深いクレームは、Mさんという男性客からのものです。Mさんは理容師で、理髪店が定休日の月曜日に毎週来店していました。個性的で気むずかしい一面を持った人でしたが、新入社員の私を気に入ってくれたようで、軽口をたたき合うほど仲よくなっていました。

ある日Mさんが、いつもの調子で、「進ちゃん、ここのお店サービス悪いなぁ。あそこの○○ギャラリーは、もっとオレを楽しませてくれるよ」というのです。Mさんは、近くのアートギャラリーの上得意客でもありました。

ムッとした私はつい、「そんなこと言うんなら、あっちの店に行けばいいじゃないですか」と言ってしまったのです。さあ大変。怒り狂ったMさんは、「ワシは客じゃないんか！」と広島弁で私を怒鳴りつけました。私が口答えしようとしたその瞬間、店長が制してくれたのを覚えています。

それからは、来る日も来る日も、そのことで頭がいっぱいになってしまいました。Mさんと仲よくなったと勝手に思い込んで、「こんな軽口でも許してくれるだろう」と油断して出てきた言葉だったな、と深く反省しました。

三日後、Mさんの携帯に電話をしました。幸い、Mさんは電話に出てくれましたが、「何の用？」と取り合ってくれません。Mさんは次の月曜日も、その次の月曜日も来ませんでした。日増しにブルーになっていく私を見かねて、店長は「また機嫌を直してひょっこり来るよ」と慰めてくれました。そして「進さん、Mさんが来たら、謝ること以外せんでいいからね」と言ったのです。

トラブルを起こした日から三回目の月曜日、Mさんがやっと姿を現わしました。緊張感で私は一瞬凍りつきました。しかし、気を強く取り直し、開口一番、「先日は本当に申し訳ございませんでした。Mさんは大事なお客様なのに、友達扱いしてしまって本当にごめんなさい」と謝りました。

するとMさんは、「ここは本当に店員の教育がなってないよね。でもね、オレはこのお店が居心地いいから来てるんよ」と笑ってくれたのです。私は心からホッとした

■クレーム対応のステップ

まず、「申し訳ありません」と謝りましょう。あなたのせいで怒っていらっしゃるわけでなくても、まず謝罪します。まず謝ることが解決の入口だからです。

1 いかなる場合でも、まず謝る

↓

2 お客様の言い分をうかがう（なぜ怒っているのか、理由を必ず聞く）

↓

3 絶対に反論しないようにして、途中で相槌を打つ

↓

4 話の中でも謝る

↓

5 何が原因で怒っているのかがハッキリしたら、上司に報告する（わからないまま店長を呼ぶと、お客様はまた一から説明しなければならない）

↓

6 自分で対応できない場合は、「大変申し訳ありませんが、私ではわかりかねますので、上の者を呼んでまいります」と言う

↓

7 お客様が納得してくれる対処法を考える。できないことはできないとハッキリ伝える。できることはいつまでに対処するのか明言する

ことを覚えています。

このとき初めて、私はMさんに謝ることを忘れていた事実に気づきました。そして、店長が「謝りなさい」と言った意味の重大さに気づいたのです。クレームに対する誠実な対応はひとつしかありません。

まず、お客様に正面切ってどれだけ謝ることができるかどうかです。トラブルが起きてしまったときは、まずはこのことだけ、頭に入れておいてほしいと思います。

◎トラブルが起こったら、まず謝る。謝ることは解決の糸口。そしてお客様の言い分を聞く

◎クレーム処理は販売スタッフとして成長するために必要な出来事である

Chapter-3

ズバリ解説！
あなたもこうすれば売れる販売スタッフになれる

To acquire power to sell

3 トレーニング編 1

売れる販売スタッフは「来たら行く」

あなたがもし、本気で売れる販売スタッフになりたいなら、最初にしなければならないことがあります。それは、お店の誰よりも早く、お客様にアプローチのお声かけをすることです。

私はこれまで、数多くの販売スタッフを見てきましたが、売れる人ほど、アプローチが他の人より抜きん出て早く、また回数も多いのです。

お客様がいない暇なときは、みんなボーッと立っているか、掃除などの作業に没頭していることがほとんどです。

しかし、そんなときでも売れる販売スタッフは、お客様が入店するのをじっと待っています。お客様が来たら一番に動けるよう、作業をしながらでも、常に接客のことを考えています。

売れる販売スタッフは、お客様が来たらタイミングを見計らってアプローチをするという、「(お客様が)来たら行く」の精神が徹底されているのです。

スタッフの誰よりも早くお客様に声をかけることで、たくさんの人数を接客することができます。数をこなすことで、客層別アプローチのパターンも使い分けられるようになり、接客トークのネタも増えます。ですから、接客のレベルアップが非常に早いのです。

「売れている人」＝「口がうまい人」というイメージがありますが、アプローチの回数をこなしたうえで、結果的に口がうまくなったという表現が正しいでしょう。

しかし、売れない販売スタッフは、これがなかなか実践できないようです。「誰かが接客してくれるからいいや」と他力本願になったり、「しつこいと思われるに決まっている」という思い込みがあったりするからです。

こうした売れない販売スタッフに対して、私はまず、どんな思い込みがあるのかを聞き出します。

進　「なぜ、お客様に声をかけるのが苦手なんですか？」

スタッフ　「お客様にしつこいと思われたらお店のイメージが悪くなるし……」

進　「なぜ、お客様に嫌われると思うのですか？」

スタッフ　「だって、私がお客様だったら声をかけられたくないし」

進　「そうですか。でも、声をかけてほしいときに声をかけてもらえなくて、ここの店員って、なんて気がきかないんだろう、と思ったことはないですか?」

スタッフ　「……あります」

進　「だったら、タイミングのいいアプローチの声かけができれば嫌われない、ってことになりませんか?」

というように、本人が思い込みが解消できるまで、押し問答を続けます。売れない販売スタッフが抱えている思い込みは、非常に根が深いものなので、まず本人が心から納得してもらうのが先です。この思い込みさえなくせば、明日からでも売れる販売スタッフに大変身することができるのです。

◎誰よりも早くアプローチのお声かけをすることで、たくさんの人数の接客ができ、結果的に接客力がつく

◎自分がまちがった思い込みをしていないかどうか、考えてみよう

3 トレーニング編 2

売れる販売スタッフは「売れるストーリー」をもっている

売れる販売スタッフは、商品を売るためのストーリーをあらかじめもっていることが多いようです。前職で同期だった男性スタッフは、宝石店が一番忙しいクリスマスシーズンの十二月、入社二年目ではダントツの一〇〇〇万円の売上をたたき出していました。販売スタッフ八名体制の中で、彼はお店の売上の五分の一以上を稼ぎ出していたのです。私が、「いったいどんなふうに接客しているの？」とたずねると、彼は接客のプロセスを説明してくれました。三〇万円前後のプラチナの喜平のネックレスとコインを買ってくださった女性客の場合は、こんな感じです。

「お客様は今年厄年で、厄年は長くて丸いものに巻かれるといいって聞いて、ネックレスをお探しだったんだ。でも、アクセサリー類はいつもつけっぱなしなんだって。それだと、細いチェーンだったら切れてしまうかもしれないよね。だから喜平の太いチェーンを見せたら、けっこう気に入ってくれたんだ。さらに丸いものということで、丸いコインをトップにつけて、厄除けセットとして買ってもらったんだよ」

自分の提案がすぐれていたからというより、「お客様自身が望むものを差し出しただけ」といった様子でした。しかし、売れるスタッフというのは、接客の先の先まで読んでいるものです。彼の場合も偶然ではなく、喜平ネックレスを売れば売上が大きい、さらにコインをセットで販売すれば単価がアップする、というところに目をつけて接客を誘導していたといえます。

売れる販売スタッフのほとんどは、彼のようにアイテムごとに自分が売りたい商品を決めています。厄除け用のネックレスの話でも、「つけっぱなしにする」ということを聞けば、普通なら「寝るときなどは、はずしてくださいね」とアドバイスするのが一般的です。しかし、彼の場合はつけっぱなしにするお客様の習慣を逆手に取って、丈夫な喜平のネックレスをお勧めしたのです。ですから、彼のように売りたいと思っている商品を提案できる発想を持った人は、自然と売れるようになるものなのです。

売れる販売スタッフは、商品を売るためのストーリーを持っています。あなたも売りたい商品を決めたら、その商品が売れるストーリーを何パターンか描いてみてください。きっとその筋書き通りのお客様が来店し、あなたも売れる販売スタッフの一員になることまちがいなしです。

トレーニング編 3 3

売れる販売スタッフは「売りたい商品マップ」をもっている

売れる販売スタッフは、売れそうもない商品を販売することが上手です。派手すぎる色目のものや少し古めのものまで、知らないうちにお客様にお勧めし、買上につなげています。それに対して売れない販売スタッフは、お店の売れ筋商品は販売できるけれど、マニアックな商品を売り切ることが苦手です。

なぜ、こうしたちがいが出るのでしょうか？　答えは簡単です。売れる販売スタッフは、「このお客様にはコレを勧める」という、特定のお客様と特定の商品をリンクさせ、個別にお勧めしているからです。新商品が入荷したときも、ただ漠然と陳列するのではなく、「この商品はボリュームがあって田中さんが好きそうだから、今度いらっしゃったらお勧めしよう」と思いながら並べています。

さらに売れるスタッフは、このお客様にはこの商品を見ていただくんだ、という気持ちがあるから、その商品がどこに陳列されているかを覚えています。つまり、「売りたい商品マップ」を頭の中に入れて接客しているのです。常連のお客様だけでなく、新規のお客様に対しても同様です。お客様の服装や持ち物、髪型、お化粧の仕方などを観察して、売りたい商品の中からそのお客様に合った商品を提案しています。

一方、売れない販売スタッフは、私はこのテイストが好きだから今度お客様にお勧めしよう、と不特定多数のお客様と自分の好みだけをリンクさせて接客する傾向があります。自分の好きなテイストといった、狭いイメージの中から不特定多数の人に提案しているので、売れる確率が低いのです。

売れる販売スタッフのように、ターゲットをしぼった状態で、なおかつしぼり込んだ商品を提案していったほうが、買上にいたる率が高いのは当然です。

「売りたい商品マップ」を頭に描くことで、店の売れ筋商品も、お店として売っていきたい売り筋商品も、お店で腐りかけている死に筋商品も、全部たやすく販売することができるのです。

◎売りにくい商品でも、気に入ってくれそうなお客様に向けてお勧めしてみよう
◎どこに何があるか、店内の「売りたい商品マップ」を頭に入れておこう

3 トレーニング編 4 売れる販売スタッフは「売上の時間割」をつくっている

あなたの店の売れる販売スタッフは、電卓を打つのが上手ではありませんか？　それもそのはず。売れる販売スタッフとは、総じて数字に強いものだからです。私の元同僚の販売スタッフは、お客様がいないとき、よく電卓をたたいていました。

「何の計算をしているんだろう？　それよりディスプレーを手伝ってほしいわ！」と思いながら、何を計算しているのか聞いてみました。すると彼は、「今、午後の四時だよね。俺の今日の売上目標は一〇万円なんだけど、まだ五万円くらいしか売れてないんだ。閉店までの四時間で、五万円売らないといけないから、何を誰に売ろうかと思って。閉店までに来店する人は、経験上少なく見積もって、あと二〇人くらい。俺が接客できるのがそのうち二人だとしたら、この二人のお客さんから、必ず三万円は買ってもらわないと目標を達成できない。だから、この三万円のネックレスか五万円の指輪をお勧めしてみるんだ」。

そんな彼の話を、私はポカンとして聞いていました。なぜなら、私は一度もそんなことを考えたことがなかったからです。同期入社の彼が飛びぬけて売上成績がいいのは口がうまいから、堂々とお客様に商品のよさを伝えることができるからとばかり思っていました。

しかし彼は、貪欲なまでに自分の目標をしっかりもっていて、その目標に対して、何時までに何万円をクリアする、という明確な売上目標の時間割をつくっていたのでした。彼は毎日電卓をたたいては、自分の売上目標にどうやったら近づけるか真剣に考えているのに、私は、「一〇万円くらい買ってくれる天使みたいな人、やってこないかなぁ」とボンヤリ思っているだけ。売上をつくっている人にはそれだけの理由があることに、恥ずかしながらそのとき初めて気づいたのでした。

そんな苦い経験があったので、現在の私の支援先では、個人別の売上が出ない企業でも、一カ月の個人目標や、何時までに何を売って個人売上をクリアするかという目標をもって接客してもらうようにしています。

店長から言われた目標をそのまま受け止め、「何とか達成できないかなぁ」と思いつつ、結局達成できない、ということはよくあります。しかし、そのままでは仕事はおもしろくないにちがいありません。目標を立てた後、それを達成するために細かい計画に落とし込むことが大事です。

つまり、目標達成のための具体的な行動をハッキリさせるということです。次の「売上目標の立て方」を参考に、自分の目標をしっかり持ち、達成するために必要な数字を把握するようにしましょう。

【売上目標の立て方】

土曜日と日曜日、祝日は、平日二日分の売上があると考えます（休日の売上が平日より上がる店の場合のみ適用）。ひと月に土日は八回あるので、八回×二倍で、平日になおすと一六日分の売上が上がることになります。

一カ月の土日回数　　八日×二＝一六日分
一カ月の平日回数　　二二日
一カ月の稼動日数　　一六日＋二二日＝三八日

つまり、一カ月は三八日あると考えます。月の売上目標が六〇〇万円とすると、一日の売上目標は、六〇〇万円÷三八日＝一五・七万円　となり、土日の売上目標は一五・七万円×二＝三一・五万円となります。

これを個人目標に落とし込むと、目標÷スタッフ数ですから、一五・七万円÷三人（出勤スタッフ数）＝五・二万円で、一人当たり五・二万円販売しなければならないことがわかります。

一日五・二万円売るには、営業時間が八時間とすると、五・二万円÷八時間＝〇・六五万円で、一時間当たり六五〇〇円販売しなければならないことになります。また、お店の客単価が平均して二五〇〇円だとしたら、五・二万円÷二五〇〇円＝二〇・八人で、五・二万円をめざすなら、約二一人のお客様からお買上いただかないといけない計算になります。さらに言うと、二一人のお客様からお買上いただくということは、来店客に対する買上率を五〇％とすると、四〇人前後のお客様を接客しないといけないということがわかってきます。

◎売上目標を持つことで、接客中に何をすべきかが具体的にわかってくる

◎金額を時間で割って、「売上の時間割」をつくろう

3 トレーニング編 5

売れる販売スタッフは「接客ドリル」で見分けられる

私は小売業の接客研修をおこなうとき、参加している販売スタッフが売れる人なのかそうでないのか、また接客を楽しくやっているか否かを見分けるために、「接客ドリル」なるものを解いていただいています。この接客ドリルを解くことによって、「接客」という仕事に対するその人のスタンスが見事にわかります。

販売スタッフを長くやっていると、日常的におこなっている「接客」という仕事について、改めて考える機会があまりないのが現状です。しかし、日常に埋没してしまい、「接客」というものが自分にとって何であるか、よくわかっていないまま仕事を続けることは非常に危険です。

なぜならお客様を、ただ商品を買いにくる人と位置づけてしまい、お客様に聞かれたことに答えるのが接客だと考えてしまう人が意外と多いからです。

それでは、この仕事を楽しむことはできないし、ましてやお客様を喜ばせたり楽しませたりすることなどできるはずがありません。ですから、私がおこなう接客研修で

■接客ドリルの答えはひとつではない

接客ドリル　（解答例）

①○○（会社名）とは一言で言うと（　気軽に開けられる宝石箱　）だ。

②接客研修をするのは（　他店との差別化　）のためである。

③売れている販売スタッフは（　たくさんアプローチのお声かけ　）をしている。

④自分が思うに、接客とは（お客様が探しているものを楽しく一緒に探すこと）である。

⑤自分にとってお客様とは（　鏡　）である。

⑥接客を楽しくするためには（　お客様より先に笑うこと　）が必要だ。

は、「自分の仕事である接客とは何なのか」ということを深く考えていただくようにしています。自分はどういったスタンスでお客様と向き合っているのか、自分は接客業を通じて何を成し遂げたいのかを考えてほしいのです。

上記の回答は私自身の答えですが、接客業に正しい答えがないように、この接客ドリルにも当然正しい答えはありません。

あなた自身がこれに真剣に答え、全部回答して自分の気持ちを整理してみることが一番大事なことなのです。

■接客ドリルを解いてみよう

8．接客ドリルを解いてみよう！（制限時間６分）

【店名：　　　　　　　　　　】　【名前：　　　　　　　　　　】

この質問に正しい答えはありません。あなたが思っていることや考えつくことを素直に答えてください。質問は一切受付けません。

接客ドリル

①　　　　　とは一言で言うと（地域密着型総合リサイクルショップ）だ。

② 接客研修をするのは（個人の意識の向上　　　　）のためである。

③ 売れている販売スタッフは（他の人よりアピール（声がけ）　　）をしている。

④ 自分が思うに、接客とは（購入　　に導くための入口
リピーター作りへのプロセス　　）である。

⑤ 自分にとってお客様とは（他人以上友達未満　　　）である。

⑥ 接客を楽しくするためには（プロ意識とある程度の知識）が必要だ。
（最低限の）

売れる販売スタッフは「競合店覆面調査」を実行している

船井総合研究所では、クライアントから競合店の調査を依頼されたとき、「覆面調査」と称した現場調査をおこないます。商品の価格や素材、メーカー名や販売スタッフの接客対応や店内演出などを、お客様の目からチェックします。

売れる販売スタッフは、これと同じことをしています。他店を調査することによって自店を客観的に見つめ、「自分がお客様だったら、どんな理由で自店に行きたいと思うか」を考えて、現場改善の具体策につなげています。

宝石を見るのが大好きだった私は、販売スタッフ時代、百貨店のジュエリーコーナー、老舗のサロン、個人の宝石商など、いろんなお店を見て回っていました。

商品の価格を自店と比較して「何でこんなに高いんだろう？　うちのほうが安くてかわいいのがたくさんあるから、もっとお買い得さをアピールしなきゃ」と、自分のお店に活かせるポイントを探していました。

しかし、船井総研社長の小山が私の勤めていた宝石店で勉強会を開いたとき、私自

■競合店調査の事例

小倉のアミュプラザにもある人気ショップ。アクセサリーがほとんどで、リング・ネックレスの他、ヘアピン、バレッタ、カチューシャ、ヘアゴムなどが色別にところ狭しと並んでいる。ピアスも中央部分に6コーナー展開していた。いつも女子高生や若い女性でにぎわっている。一見まとまりがないように思えるけれどけっこう選びやすいように並べてある。店員さんはピアスチェック（うちでいう日曜チェックみたいなの）でいそがしそうでした。もちろん接客は一切ナシです。いらっしゃいませ もないよ。

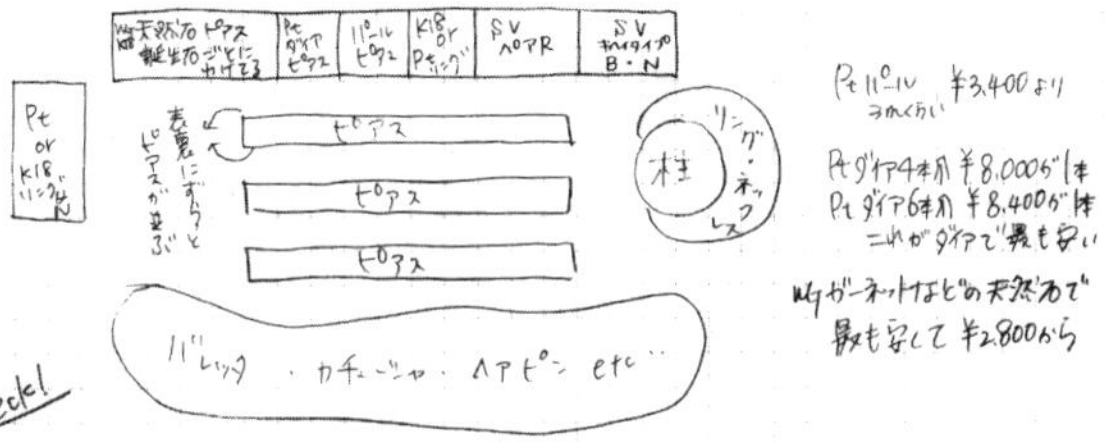
天然石ピアス 誕生石ごとに分けてる
Pt ダイア ピアス
パール ピアス
K18 or Pt リング
SV ペアR
SV ネックレス B・N
Pt or K18 リング
表裏にずらっとピアスが並ぶ
ピアス
ピアス
ピアス
柱
リング・ネックレス
バレッタ・カチューシャ・ヘアピン etc…
Pt パール ¥3,400より
Pt ダイア4本爪 ¥8,000が1本
Pt ダイア6本爪 ¥8,400が1本
これがダイアで最も安い
ガーネットなどの天然石で
最も安くて ¥2,800から

Check!

- SVピアス ¥150×1本……本通の店の中でこれが一番安かった。フープの極小（1本売。）
- SVピアス ¥200×24本 ¥300×30本）1本売り → 広島TOWでは メンズピアス（1本売）が ¥980から しかないので これは困った。若い子はたくさんあけてる子、多いしねー。1本売で ¥480より安いチタンポストのものは絶対に必要。
- SVピアス ¥500×200本以上 → コーナーをつくり、ブルー、ピンク、ラベンダー色のジルコンを中心とした直結デザインやジプシータイプ。♫（音符）とか ♥（ハート）とかのモチーフでかわいくて安い。
- SVアメリカンピアス ¥800×10本 → 他に ¥900、¥1000のアメリカンもある。石は入ってなく、全て地金デザインで長さもある。
- チタン丸玉 ¥500×15本
- チタンフープ・スナップ ¥600×20本）→ SVとかチタンで耳がかぶれないかぎり若い子は安い方を選ぶよね。うちは K18丸玉 ¥980（K18）からだしね。Ptは ¥1980からだもん。
- SVピアス ¥300で3コ売りが5本。¥300で2コ売りが5本。）これは安い！ SVといえども…
- SVピアス ¥500で2コ売り。（500 → 丸玉、→ デザインフープ）
- （300）SVピアス ¥800でフープ4コ売りのものもある。
- SVピアスイヤリング（ピアスみたいにみえるイヤリング）こんなの ¥500～¥800が168本。
- SVイヤーカフ ¥500～ → かっこいいよ。

ピアスあけてない方への配慮もアリ。

身の調査の甘さに気づく出来事がありました。

「進君、広島市内で最もピアスを安く売っているところはどこで、価格はどのくらいで売っているんだい？」と聞かれた私は自信を持って、「はい。うちの四八〇円の十八金のピアスが広島市内では一番安いです」と答えました。すると、「バカヤロウ！ 今ピアスは、雑貨屋なら三〇〇円以下で売られているんだよ！」と怒鳴られてしまいました。

私は、十八金という上質な素材で四八〇円の価格をつけている自店に誇りを持っていて、他の宝石店では真似のできない価格だと思っていました。近所の雑貨屋がピアスを扱っていることくらいは知っていましたが、安いけど、シルバー素材でアレルギーのあるお客様には使えないものだから宝石ではない、と位置づけていました。

しかし、雑貨屋やアクセサリーショップも十分競合店になり得るということに、初めて気づいたのでした。

それから私は、近所の雑貨店やアクセサリーショップを一〇件ほど廻って、広島市内で一番安いピアスを見つけました。

今では一〇〇円ショップで当たり前のようにピアスが販売されていますが、私が調査した当時では、三〇〇円～五〇〇円の価格帯のピアスが最も多く、広島市内では片耳用で一五〇円のシルバーのフープのピアスが最も安価でした。

会社ではその後、メーカーの協力をいただき、チタンのピアスで二八〇円の商品を出し、大ヒットにつながりました。

競合店調査は、こうした思い込みを打破してくれます。自店を客観的に見るうえでも、ぜひいろんなお店を見てほしいと思います。

◎競合店を積極的に見て回ることで、自店の強みと弱みが明らかになる

◎商品をお勧めするときのポイントや、商品開発のヒントがつかめる

3 トレーニング編 7

売れる販売スタッフは「買う人を見分ける」

売れる販売スタッフは、「買う人を見分ける」ことのできる人が多いのも特徴です。お客様がどのくらいの所得層で、どのくらいのレベルの商品をほしがっているのかということを、服装や持ち物、お化粧の仕方といった、外見や会話の中から読み取る「シチュエーション理解能力」があるのです。

この能力がある程度高まると、それほど接客件数を増やさなくても、一日で見込みのあるお客様に全力投球できるため、購買率が高くなります。

さらに、高単価品を買ってくださるかどうかも見抜くことができるので、客単価がアップし、売れる販売スタッフはますます売れる、というわけです。

よく、「ワァー、かわいい！　私こんなの大好き！」と言って商品を見ているお客さまがいます。こんなお客様には、期待を寄せてしまって、言われるがままにいろいろ商品を見せるのですが、結局決まらないパターンが多いものです。

逆にどんなにアプローチしても、ウンともスンとも言わなかったり、「見ているだけで買わないから」というお客様に限って、こちらのペースに持っていくと買上につながるケースが多く見られます。売れる販売スタッフは当然この法則を知っているので、「買わないわ」というお客様にも、「見るだけでも見ていってくださいね」と、ふだんと変わらない声かけをします。売れない販売スタッフは、ここで尻込みをしてしまい、話しかけることをやめてしまうのです。

買うお客様を見分けられるよう、シチュエーション理解能力に磨きをかけましょう。

【シチュエーション理解能力アップ手法】

①お客様の外見を観察する⬇年齢・服装・バッグなどの持ち物・髪型・お化粧の仕方を観察し、外見による傾向を探す

②アプローチ後の反応を見る⬇ムッツリなのか、よくしゃべるのかといった反応を見て、反応別にその後の声かけを変える

③自分のお勧めする商品が好みかどうかを確認する⬇好みでなかった場合は、好みのデザインを聞き出し、それに合致したものを探し、本気でほしいものを探しているかどうかを探る

④お客様の好みが判明したら、同じテイストでワンランク上のグレードの商品をお勧めして反応を見る⬇よりよいものを探している人かどうかを見抜く

◎「シチュエーション理解能力」をアップさせて、買う人を見分けられるようになろう

◎効率のよい接客ができるので、売上が上がることにつながる

3 テクニック編 1 売れる販売スタッフは「先に笑う」

コンサルティング会社に転職して「販売スタッフの経験があってよかったなぁ」と思うのは、接客で培ったコミュニケーション能力が役立つときです。販売とコンサルティングは一見関係ないようですが、人と人とが接するときの「コミュニケーションの法則」は、どこの世界に行っても変わることはありません。

お客様とすぐに仲よくなるためには、何と言ってもお客様に笑顔になってもらうことです。

そのためには、まずお客様よりも先に自分が笑うことが大切です。笑いのある中に人は自然と集まってきます。接客業の経験から、このコミュニケーションの法則を、自然に理解することができたのはラッキーなことでした。

現在の仕事では、初めてお会いするお客様に対して、「今日は、どんな方と会うことができるのだろう？　楽しみだなぁ」という気持ちを持つことができ、ワクワクしているから、実際にお客様にお会いしたときは自然と笑顔が出ます。そして、「お会いできてうれしいです」と素直な気持ちを伝えることができます。

そう言われると、お客様もまんざらではないようで、「そうですか、ありがとう」と笑って言ってくれます。ここですでに笑ったもの同士、コミュニケーションが芽生えます。

私は、この瞬間をとても大事にしています。初めてではあるけれど、「何だか感じのよい人だ」と、お互いによい印象を抱くことができるからです。それも、自分自身がしかけたちょっとした工夫によって、です。

販売スタッフ時代、私は接客中に「お客様を何回笑わせることができるか」にかけていました。商品を気に入っていただくことも大事ですが、お客様に私自身を使ってもっとお買い物を楽しんでいただきたかったからです。「笑い」と言っても、何もコントのようなことをしてお客様を笑わせるのではなく、普通のことを話しながら「笑い」につなげるのがポイントです。

進　「今日は寒いですねぇ〜」とアプローチ。

お客様　「そうですね」と気のない返事。

進　「寒いですから、見ながらゆっくり暖まっていってくださいね。寒すぎて、他のお客様がいらっしゃらないから、思う存分お店を独り占めしてください（笑）」

お客様　「それはどうも（笑）」

このように、笑いながら冗談をサラリと言えると、お客様はリラックスしてお買い物してくださいます。「寒すぎて、他のお客様がいらっしゃらないから」という、ちょっと自嘲気味なセリフを楽しそうに伝えるのがポイントです。

そして、「独り占めしてください」というような、お客様を持ち上げる一言が言えればＯＫです。接客において必要なのは、気のきいたセリフではなく、お客様が笑ってくれるトークが最も必要なものなのです。

◎「笑い」はコミュニケーションの源。お客様に笑ってもらうには、まず自分が笑うこと
◎「お客様に、自分を使って買い物を楽しんでもらおう」の精神で

3 テクニック編 2

売れる販売スタッフは「女性客の心理」を知っている

現在、さまざまな業界で、女性の心理をとらえたマーケティングが盛んにおこなわれています。お父さんの靴下やネクタイはお母さんが選ぶように、現在の消費活動は女性が中心だからです。女性客に受けのよいお店は、口コミでどんどん広がっていくため、企業側も必死です。なぜなら、女性は自分がいいお店を発見したら、友達に紹介したくなる、というありがたいクセがあるからです。女性にとって、「よい店を知っている」ということは一つのステータスです。他の人に紹介して「ウワー、ステキねぇ！」と言ってもらえれば、鼻が高いのです。

また、女性は男性に比べて、「この人から買う」という傾向が強いため、同じスタッフから商品を買う、という行為を繰り返す誠実さがあります。

売れる販売スタッフには、女性客の心理をうまくとらえるという特徴があります。三重県にある、地域一番店を誇るリサイクルショップに、女性客に大変人気のある女性スタッフがいました。彼女は二一歳という若さで、黒肌につけまつ毛という、いか

■「女性が行きたくなる店」女性3,000人アンケートより

（複数回答）

あなたは販売スタッフのどのような接客に信頼感を持ちますか？　2つお答えください

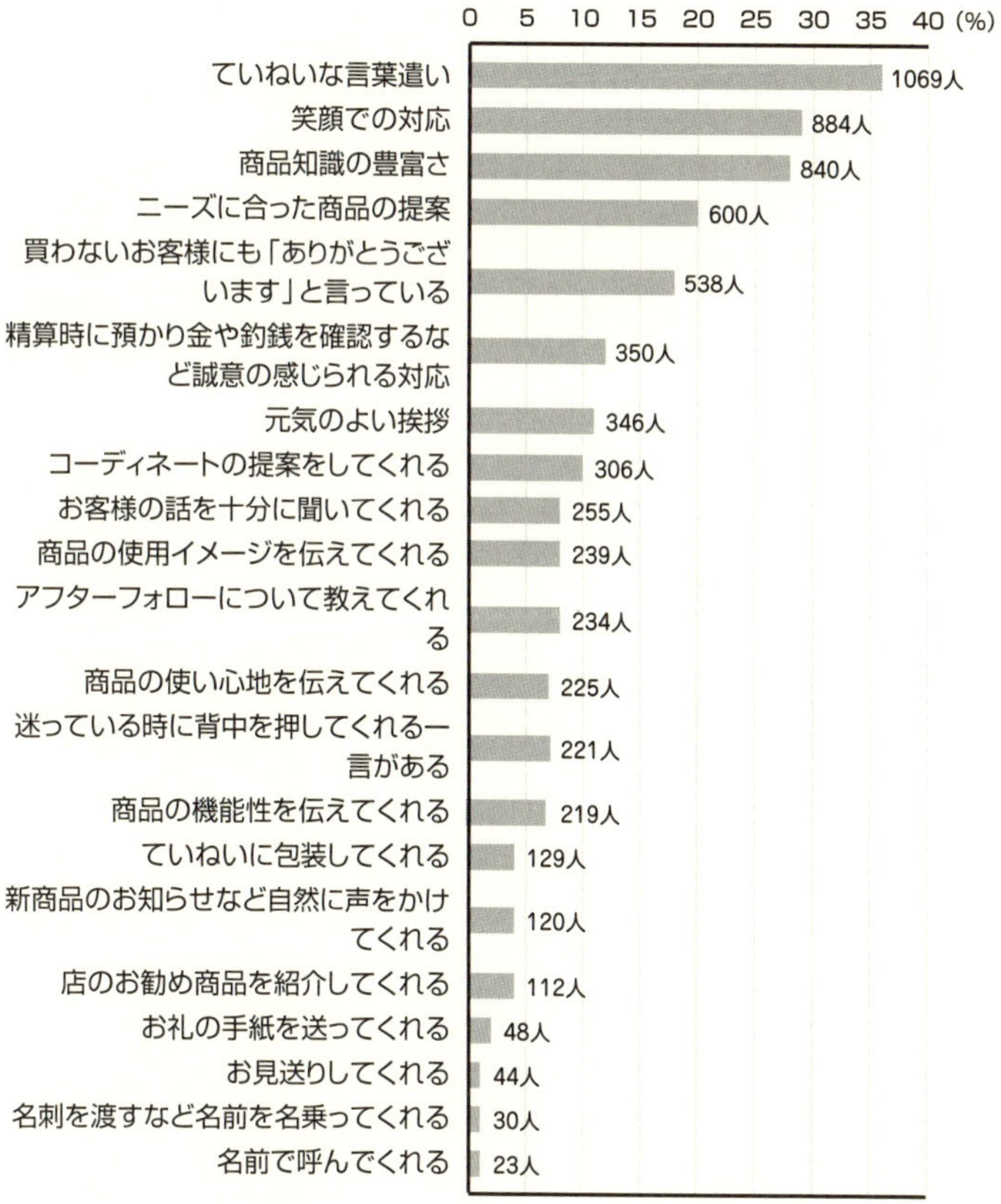
0
5
10
15
20
25
30
35
40 (%)
ていねいな言葉遣い 1069人
笑顔での対応 884人
商品知識の豊富さ 840人
ニーズに合った商品の提案 600人
買わないお客様にも「ありがとうございます」と言っている 538人
精算時に預かり金や釣銭を確認するなど誠意の感じられる対応 350人
元気のよい挨拶 346人
コーディネートの提案をしてくれる 306人
お客様の話を十分に聞いてくれる 255人
商品の使用イメージを伝えてくれる 239人
アフターフォローについて教えてくれる 234人
商品の使い心地を伝えてくれる 225人
迷っている時に背中を押してくれる一言がある 221人
商品の機能性を伝えてくれる 219人
ていねいに包装してくれる 129人
新商品のお知らせなど自然に声をかけてくれる 120人
店のお勧め商品を紹介してくれる 112人
お礼の手紙を送ってくれる 48人
お見送りしてくれる 44人
名刺を渡すなど名前を名乗ってくれる 30人
名前で呼んでくれる 23人

にもギャル風のいでたちでした。

　私はそんな彼女に興味を持ち、最近の女性客の傾向について聞いてみました。すると彼女は、「最近の女性のお客様は、『これいただくわ』と言わせるようにもっていかないと買ってくれない」というのです。どういうことかくわしく聞いてみると、「本当はほしい、と思っていても、自分から『これください』とはなかなか言いにくいみたいです。こちらが、どれだけお客様に似合っているかを説明しないと買ってくれないんです。一所懸命お勧めすると、『あなたがそこまで勧めるんだったら、これいただくわ』と言ってくれるんです」。

　このように彼女は、女性客には常にお客様をほめながら商品をアピールすることが大事であることを教えてくれました。

また彼女は、「お求めになったお洋服は、どこへ着て行かれるんですか？」と必ずたずね、「今度いらっしゃるときは、必ずこのお洋服を着てきてくださいね」とお願いするそうです。お客様がその洋服を着て再来店されたら、すかさず「ステキですね。ところで、娘さんとお出かけになるってこの前おっしゃっていましたけど、どちらに行かれたんですか？」と聞きます。

するとお客様は、前回の接客の内容を覚えていてくれていたということで感激してくださり、リピーターになってくれるのです。

そんなわけで、彼女はお店の看板娘になっています。このように、売れる販売スタッフは、女性のプライドを刺激しながらハートをガッチリつかみ、女性客のファンを増やしていっているのです。

◎女性客の心理を知って、売れる販売スタッフになろう。女性の心をつかむことが、あらゆる業界で求められている
◎お客様に関心を示し、プライドをくすぐるのが女性客の心をつかむコツ

3 テクニック編 3

売れる販売スタッフは「夢を語る」

商品を販売するときは、使い勝手のよさやデザイン性の高さ、機能性について説明することがほとんどだと思います。

しかし、最近のお客様は、洋服を買いに行っても、靴やバッグを買いに行っても、こうした説明だけでは心を動かされないようです。今、お客様が商品に対して求めているのは、デザイン性や機能性の他に、「夢」という形に見えないものです。そこで、「商品が持つ夢」を販売スタッフが語ることによってお客様の心が動き、買上につながるのです。

商品に夢を持たせることで爆発的にヒットした「サムシングブルー」という結婚指輪があります。

この指輪は何の変哲もないプラチナの結婚指輪ですが、指輪の内側の見えないところに小さなブルーサファイアが埋め込まれています。この指輪がヒットした理由は、この内側のブルーサファイアにあります。

「お客様、ヨーロッパの古い言い伝えで、サムシングブルーのおまじない、というのがあるんです。花嫁さんが、『何かひとつ青いものを身につけると幸せになれる』という言い伝えなんです。このサムシングブルーの指輪はお客様を幸せにしてくれる魔法の指輪なんです。この指輪をつけて彼との幸せな人生を歩んでくださいね」と言うと、ほとんどのお客様が「この指輪は他の結婚指輪とは意味合いがちがうわ」と思い、購入を決定してくれるのです。

■ただのモノでなく、「夢」を売る

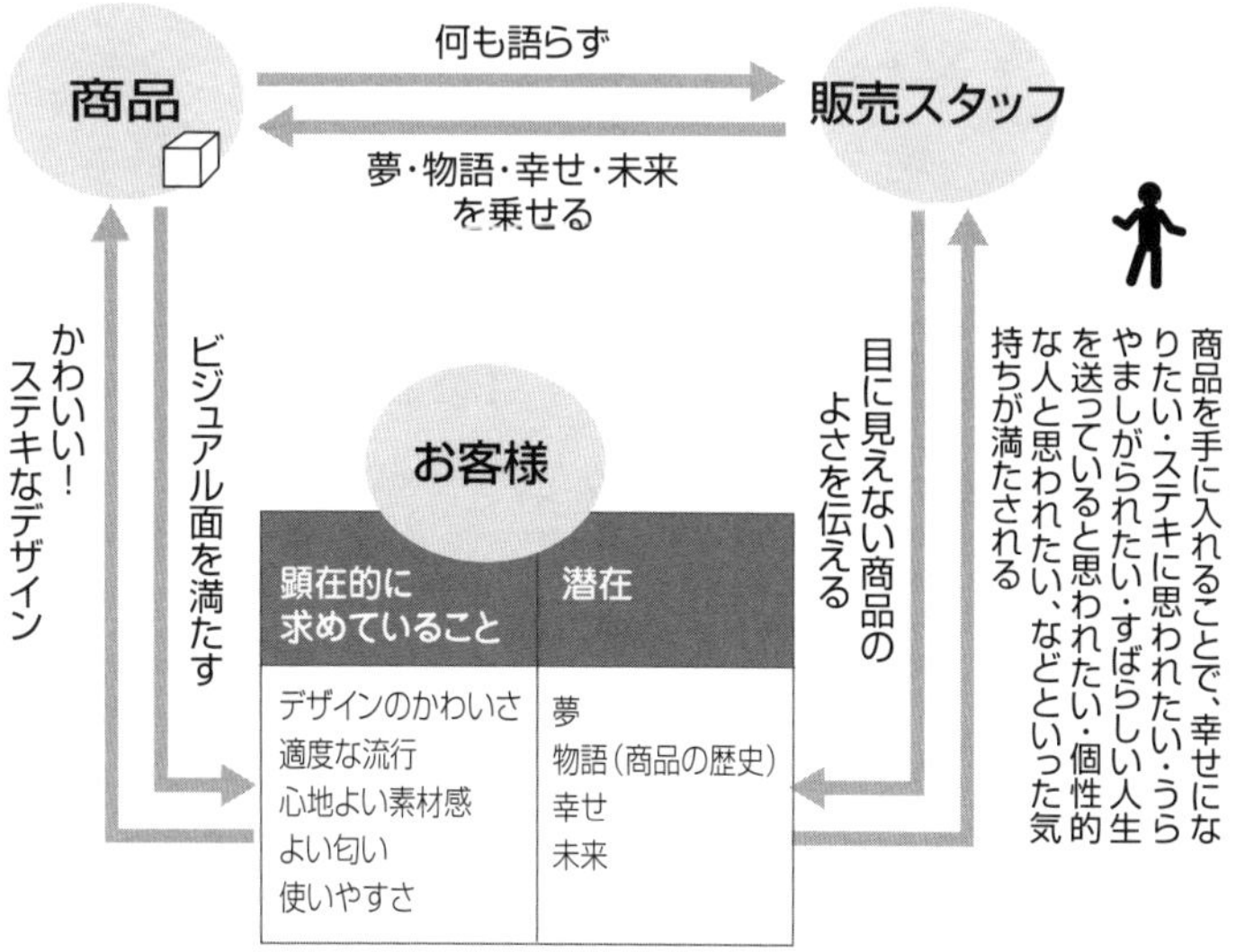
商品
何も語らず
販売スタッフ
夢・物語・幸せ・未来
を乗せる
かわいい！
ステキなデザイン
ビジュアル面を満たす
お客様
目に見えない商品の
よさを伝える
商品を手に入れることで、幸せになりたい・ステキに思われたい・うらやましがられたい・すばらしい人生を送っていると思われたい・個性的な人と思われたい、などといった気持ちが満たされる
顕在的に
求めていること
デザインのかわいさ
適度な流行
心地よい素材感
よい匂い
使いやすさ
潜在
夢
物語（商品の歴史）
幸せ
未来

このように、ちょっとした「夢」を語ることによって、お客様の心を動かすことができるのです。「夢」を語るためには、その商品ができた過程を知ることが大事です。また、なぜバイヤーがその商品を選んだのかも知っておく必要があります。

洋服であれば、なぜそのブランドが立ち上がったのか、そのブランドが守っているポリシーは何か、バイヤーがどういった想いでその商品を仕入れるにいたったかを徹底的に調べなければ、「夢」をお客様に提供することはできません。

商品が持つ「夢」の答えは、社長や部長、バイヤーやあなたのお店で働く誰かが必ず知っています。今までのデザイン性や機能性の説明にプラスして、「夢」を伝えることでお客様を感動させてください。

◎商品について説明するときは、機能的な面だけでなく「夢」を語ろう

◎商品にまつわる物語や由来、歴史やエピソードも、お客様の心を動かすことができる

3 テクニック編 4

売れる販売スタッフは「今日決める」

売れる販売スタッフは、「今日決める」ことが得意です。今日決める、というのは、接客したその日のうちに確実にお買上いただくことです。

たとえば、将来の参考に、婚約指輪がどんなものか見に来たカップルがいたとします。普通の販売スタッフであれば、ひと通りの説明をし、名簿をいただいて、また結婚が近くなったらいらしてくださいね、で終わる人がほとんどでしょう。

しかし、売れる販売スタッフは、こんなカップルにも今日売ってしまうのです。売れるスタッフの「今日決める」ことに対する執着と信念は、普通のスタッフには考えられないほど大きいものです。

なぜなら、売れるスタッフは、総じて日々の個人の目標に対して厳しいものだからです。この人にこれを買っていただかなければ、自分の目標が達成できないことを知っているから、買う可能性の低い人を「その気」にさせてお買上いただくことができるのです。

また、売れる販売スタッフというのは、一度で決められなかったお客様が、その日のうちに再度来店し、お買上くださるパターンも多いのが特徴です。他のお店と比較したうえで再度お店に帰ってきてくださる、という場面は、販売スタッフにとって本当によかった！　と思うシーンです。

お客様がお店に戻ってくる理由を分析すると、商品力が50％、接客力が50％の場合がほとんどです。商品力に関しては、商品が他の店に比べて安かった、種類が豊富だった、見せてもらった商品がかわいかったという理由があげられます。

また販売スタッフの接客力に関しては、自分に一番親身になって接客してくれた、自分に合うものを一所懸命探してくれた、買わな

くても嫌な顔をしなかった、といったポイントをお客様があげられることが多いのです。

売れる販売スタッフは、たとえお買上にいたらなくても、また来ていただくためにいろんな手法を使います。まず、名刺をお渡しし、商品の品番やデザインを書くなどして、お客様が商品やスタッフのことを忘れないようにします。そして、次回の来店日をさり気なく聞いて来店をうながします。

例）「当店は水曜日が定休日なのですが、ご来店いただけるのはやはり、今日のような休日でしょうか？　休日でしたら、私もおりますので、またこの名刺を持っていらしてください」といったトークで、確実に売る機会をつくります。

このように、売れる販売スタッフになるためには「今日売り切る！」という精神で接客に臨んでほしいと思います。

◎売れる販売スタッフは、日々の売上目標に厳しい。「今日決める」ことに信念を持っている

◎一度接客したお客様が再び戻ってくることも多い。売れるスタッフはそのための工夫を怠らない

3 テクニック編 5

売れる販売スタッフは「名簿を取る仕掛け」をもっている

売れる販売スタッフは、お客様の名簿を取るのもお手のものです。

私が販売スタッフをしていたころは、四八〇円のピアスを買ったお客様でも、必ず住所と名前を書いていただきなさい、と言われていました。

当時は、なぜいちいち住所なんか書いてもらうのかしら、単価も低いのにお客様にも失礼に当たるのでは、と思っていました。

店長は、安い商品でも名簿をいただくメリットについて、こう言っていました。

「商品を包装する間、名簿に記入しやすいようお客様にイスをすすめて、続いてダイヤモンドの説明をしてごらんなさい。お客様がイスにすわって話を聞いている様子が見えると、他のお客様も安心して店内に入ることができるので、繁盛店現象をつくりだすことができるのよ」。

こうして私たち新入社員は、一日三〇人はお買上があるピアス客に対して名簿をいただくための仕掛けとして、こんなお声かけを徹底しておこなうようにしました。

「ただ今、包装しておりますので、少々お待ちくださいね。お客様、私はこの春に入社した新入社員なのですが、今、ダイヤモンドについての説明を練習しているんです。かなりうまくなったとは思うんですが、まだ自信がないんです。ぜひ、私の説明を聞いていただいて、ご評価いただけないでしょうか？」と声をかけます。

するとお客様は、「まぁ、新入社員だから、買わされるわけではなさそうね」と安心して聞いてくれます。当然断られることもあるのですが、声をかけた人の七割は名簿を書いてくださり、二割はダイヤモンドの話を聞いてくださるのです。

今、名簿をどうやって取ったらいいかわからない、声をかけても無視される、個人情報の漏洩についてお客様の反応が敏感になった、という声をよく聞きます。しかし、そういう企業のほとんどが、お客様と仲よくなっていないのに名簿だけを取ろうとしていたり、「ご記入いただけるところだけでけっこうです」という弱気な姿勢でうながしています。名簿とは、お客様がお店や商品に対してよほどのロイヤリティを感じているか、販売スタッフに心を開かないかぎり、簡単にいただけるものではありません。売れる販売スタッフほど、こうしたお客様の心理を理解しているので、まずコミュニケーションを取ろうとします。お店の命綱である名簿を、もっと本気で取っていく接客オペレーションをスタッフ全員で実践してみてください。

3 テクニック編 6

売れる販売スタッフは「来店の言い訳」をつくってあげている

最近のお客様って、わがままで気むずかしい人が多いようです。お客様をほめながら提案すると、「どうせお世辞でしょ。だから買ってあげない」とか「商売上手ね」と言って取り合ってくれないケースがあります。お客様は販売スタッフの心を見透かしながら様子を見ています。特に常連さんであればあるほど、どのくらい自分を大事にしているかを試す傾向があり、販売はまさにかけひき、と言っても過言ではありません。

そんなお客様とのかけひきがうまい業界があります。それは、歴史の長い呉服業界です。着物は単価が高く、毎日着るものではないため、簡単に売れるものではありません。呉服業界では、日々の店頭での売上をアップさせるより、毎月集中して販売する日を決め、「大島紬展」や「本加賀友禅お披露目」などと銘打った展示会で売上をつくっています。

こうした展示会をおこなう場合、とにかくお客様に来ていただかなければならないので、ダイレクトメールを送ったり、電話をかけてお誘いしたり、訪問して顔を見せに行ったりと、呉服屋さんは大忙しです。

呉服屋さんのダイレクトメールには、なぜか商品の写真がまったく掲載されていないことがあります。その代わり、原寸大のカニやメロンの写真が載っているのです。「何のお知らせだろう」とお客様は興味をそそられる仕組みです。

さらに、お客様にお電話をかけるとき、「カニのダイレクトメール、見ていただけました？来週楽しいイベントを開催することになったんです。せっかくの機会なので、進様にこのカニをご準備しました。△日の○時にご予定空けていただけませんか？」と言って展示会に誘います。自分のためにカニを用意してくれるという呉服店に対して、お客様は当然、「何も買わない

のにモノだけもらうのは後ろめたい」と思います。

そこで、販売力のあるスタッフは、「進様のためにご準備させていただいています が、カニは生ものですので早めに取りにいらしてくださいね。腐らせちゃったらもったいないですから」と、カニを取りに来るように伝えて来店をうながします。するとお客様は、「しょうがないわねえ、取りに行ってあげてもいいわ」となるのです。

このように呉服店の売れる販売スタッフは、プライドの高いお客様に対して、「カニを腐らせるわけにはいかないから、来てあげたのよ」という、来店の「言い訳」を用意しているのです。

こうしたトークでお客様の特別感をアップさせ、「そこまで言うんだったら行ってあげないと」と思っていただける接客を身につけてみてはいかがでしょうか。

◎気むずかしくプライドの高いお客様には、「来店の言い訳」をつくってあげる
◎常連さんや、かけひきをするお客様には有効

3 テクニック編 7

売れる販売スタッフのサンキューレターはここが違う！

売れる販売スタッフは〝筆まめ〟です。あなたのお店でも、名簿をいただいたお客様には「お買上ありがとうございます」というメッセージをこめてサンキューレターを送っていることと思います。

もちろん、お客様全員にお手紙を書ければ一番よいのですが、なかなかそうはいかないものですよね。

一般的にとても仲よくなった方、高額品を買ってくださった方、何度も来店してくださる方など、次回来店につながる可能性の高い人に手紙を出しているケースが多いと思います。

しかし、スタッフによって、サンキューレターのレスポンスが高い人と、低い人に分かれていないでしょうか？　売れている販売スタッフは、サンキューレターのレスポンス率が高く、手紙に感激してくれたお客様が来店し、また商品を買ってくださるというように、販売効率がいいのです。

では、お客様が来店したり、お菓子などの差し入れを持ってきてくれたりするほど感動させることのできるサンキューレターとは、いったいどんな手紙なのでしょうか？　売れる販売スタッフのサンキューレターは、お客様に「買ってください」と案内するのではなく、「お客様を気遣う」内容のものがほとんどです。

以下のポイントを守って、あなたも個性の光るサンキューレターで、ファンを増やしていってください。

【感動させる小技】

①記念切手が貼ってあるもの

②絵葉書、和紙でできたハガキ、厚紙のハガキなど、ハガキ自体に工夫が施されているもの

③かわいいシールを貼ったもの、色鉛筆で色をつけたもの、カラーペン、筆文字で書かれているもの

【感動させる内容のポイント】

①「お買上ありがとうございました」という表現をしない⇩「ご来店、ありがとう

■こんなサンキューレター、もらってみたい！

展示会ではいつもお世話になりました。帯枕届きましたよ！お忙しい中本当にありがとうございました。私の様にお着物が着られるようになりたいとの事本当にうれしい限りです。又ご一緒に皆さんに振り返っていただけるようにお勉強致しましょう。これからどんどん暑くなりますが、どうぞお身体を愛われてご活躍下さいますように。

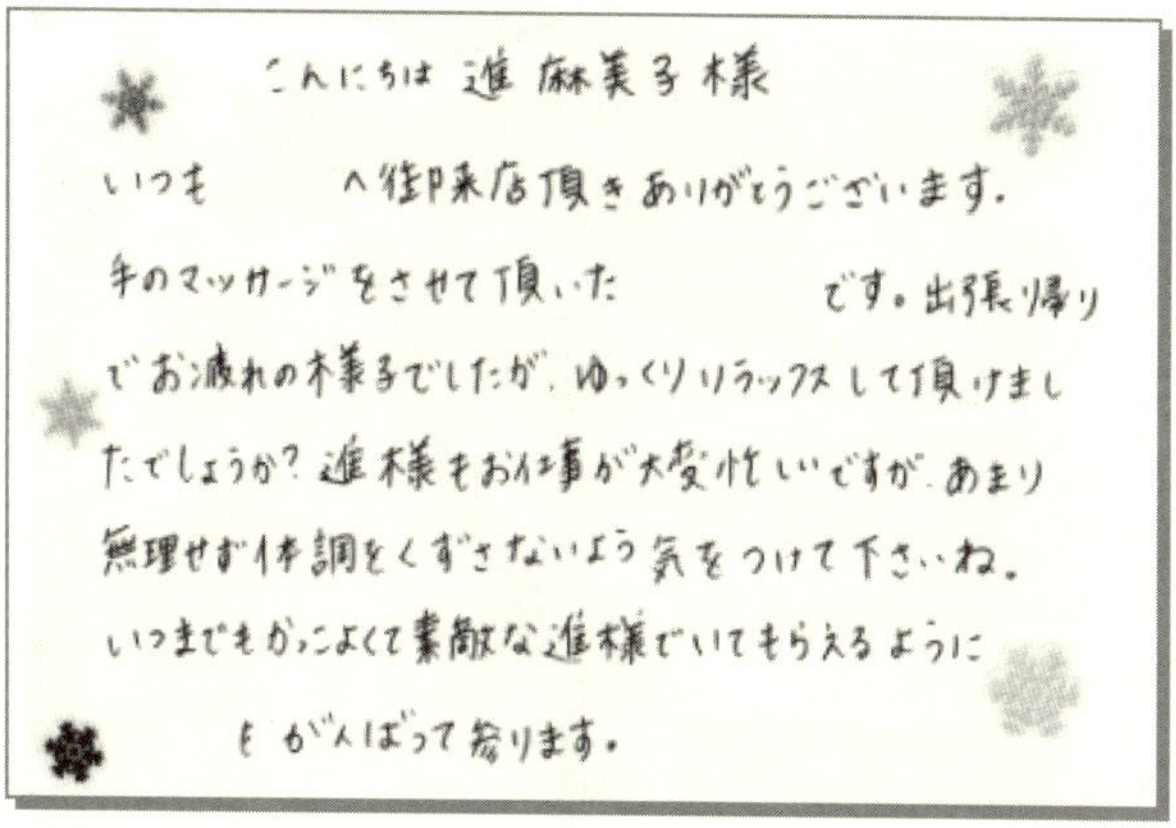
こんにちは　進　麻美子　様

いつも　　　へ御来店頂きありがとうございます。

手のマッサージをさせて頂いた　　　　　です。出張帰りでお疲れの様子でしたが、ゆっくりリラックスして頂けましたでしょうか？ 進様もお仕事が大変忙しいですが、あまり無理せず体調をくずさないよう気をつけて下さいね。

いつまでもかっこよくて素敵な進様でいてもらえるように　　　もがんばって参ります。

ございました」

②お客様をほめる一言を必ず入れる⇩「スタッフを元気にしてくださる田中様の笑顔、また拝見したいです！」

③気軽さを出す⇩「不都合な点がありましたら、気軽にお声かけくださいね！」「何かございましたら、私が飛んで参りますので、お声かけください」

④お客様を気遣う一言を入れる⇩「寒い日が続いていますが、お身体ご自愛くださいね」「田中様の元気が私の元気のモト（笑）ですから、お風邪などには気をつけてくださいね」

◎サンキューレターは、書き方しだいでお客様を感動させることができる

◎商売っ気を出さず、お客様との人間的なつながりを育てるつもりで

Chapter-4
接客を公式に落とし込む！

Law of
serving

4 「接客」を考える 1

接客をかけ算の公式で考えよう

お客様が来店されてから退店するまでの接客には、一連の流れがあります。お客様が来店して「いらっしゃいませ」と声をかけた後は、「こちらは、今日入荷したばかりの商品なんです」といった、お客様との会話のキッカケづくりのためのアプローチをします。

その次は、お客様がどういったものを探しているのか、またどういったシーンで使いたいと思っているのか、といったニーズを引き出すためのヒアリングです。ヒアリングしたデータをあなたの頭の中のコンピュータにインプットし、ピピッと分析します。「オキャクサマ　ガ　ホシガッテイルノハ　コンナ　ソザイデ　コンナ　デザインノモノ」ということが解析されたら、そのデータに該当する商品を持ってきて提案します。

商品を提案しながら、お客様がどう思っているのか探ってみます。「お客様にはこちらが似合っていますね」と一声かけると、さっきまで迷っていたお客様がウソみた

■接客の公式と接客力マトリックス

接客＝アプローチ力×ヒアリング力×商品提案力×クロージング力×プラス1品お勧め力×再来店促進力

接客力マトリックス
自店や競合店がどの位置にあるのかポジショニングしてみてください。
接客の公式において不足している項目が一目瞭然でわかります

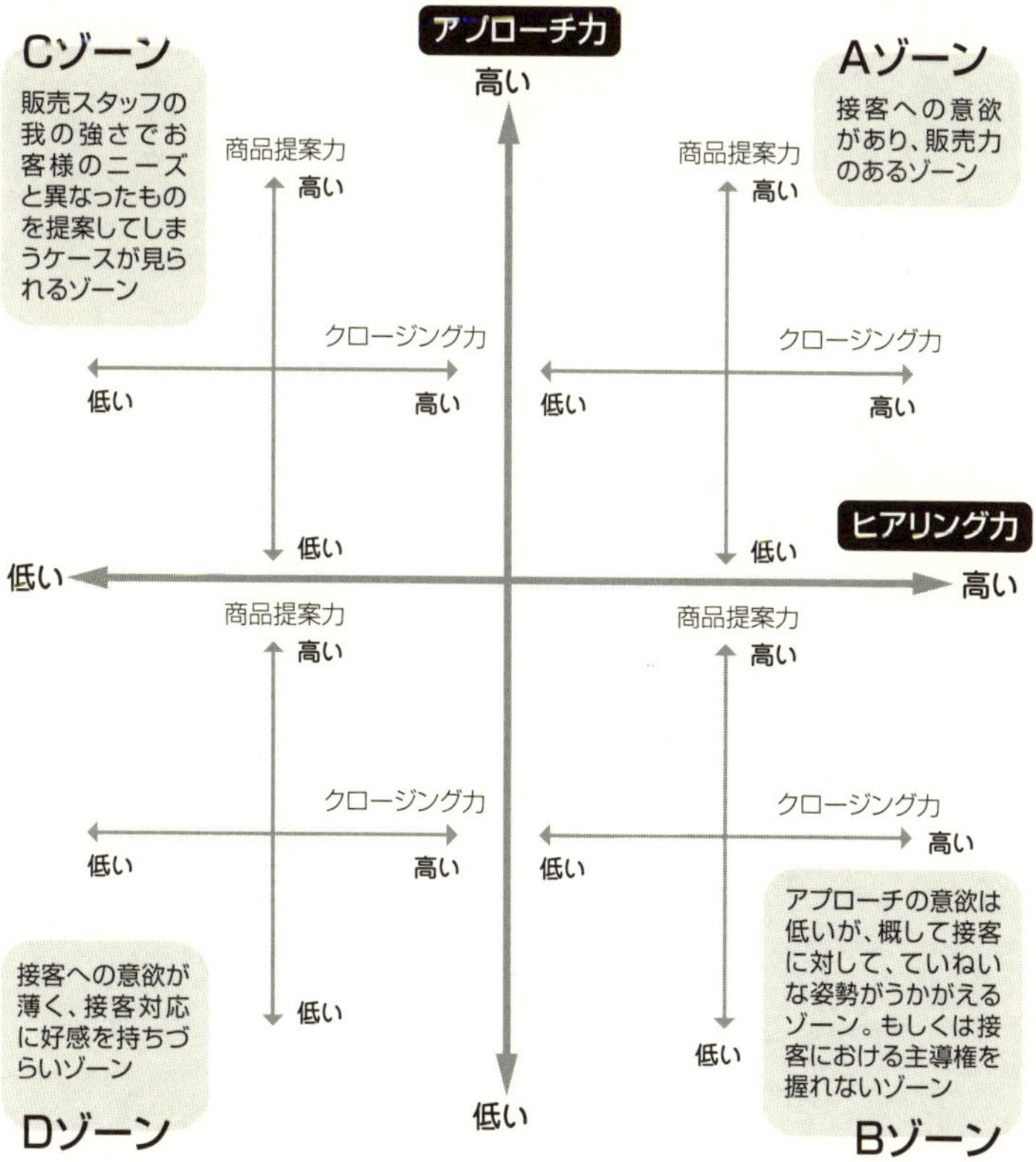
アプローチ力
高い
低い
ヒアリング力
低い
高い
Cゾーン
販売スタッフの我の強さでお客様のニーズと異なったものを提案してしまうケースが見られるゾーン
Aゾーン
接客への意欲があり、販売力のあるゾーン
Dゾーン
接客への意欲が薄く、接客対応に好感を持ちづらいゾーン
Bゾーン
アプローチの意欲は低いが、概して接客に対して、ていねいな姿勢がうかがえるゾーン。もしくは接客における主導権を握れないゾーン
商品提案力
高い
低い
クロージング力
低い
高い

いに「じゃあ、これにする！」と言ってくれたりします。

購買の決断を迫ることをクロージングと言いますが、これも接客においては必要です。お客様はときとして、背中を押されたがっていたり、自分の買い物が間違いではないということを、誰かに認めてほしいと思っているものだからです。

お買上が決まっても、接客はまだ終わりではありません。お客様が購入する商品にコーディネートできるものや、アフターケアとして必要なものを提案することが大事です。

プラス一品のお勧めは、何もお客様にいろいろ買わせることが目的ではありません。最終的には、お客様の手間を省いてあげることにつながります。シルバーの指輪を買ったお客様にシ

ルバー磨きを提案するのは、お客様にとってもメリットがあります。そのときに買っておかないと、また別のところでわざわざ買うのも面倒なものです。

そしてお客様が退店する前に、「今日、買っていただいたジャケットに合うインナーが来週入荷しますので、また見に来てくださいね」と言って再来店をうながします。

接客は、一六七ページのようなかけ算の公式で表わすことができます。この接客の一連の流れのどれかがゼロであれば接客販売は成立しませんが、うまくいけば、倍倍ゲームのようにどんどんお買上いただくことも可能です。

お客様に納得してお買上いただくためには、どの項目もなくてはならないものばかりです。もう一度自分の接客を見直してみて、欠けているところはどこなのかを明確にし、再度接客の棚卸をしてみてはいかがでしょうか？

◎接客は、さまざまな要素の「かけ算」である
◎自分の弱い要素はどこかチェックして、強化することで、接客力がつく

アプローチ力は「来店のありがたみ」に比例する

売れる販売スタッフは、お客様に対するアプローチの回数が多いものです。しかし業界によっては、あまりアプローチを重視しないところもあります。アプローチの重要性を説明すると一番反応がよいのは、高単価で購入頻度の少ない商品である、宝石・呉服・絵画といった業種です。

逆に、低単価で目的買いが多く、お客様の判断で商品を購入しやすい業界の中には、この話を斜に構えて聞く人もいます。

私は宝石店に勤めていたので、やはりアプローチの重要性を感じないわけにはいきませんでした。

なぜなら、来店客数が圧倒的に少ないため、入ってくるお客様すべてにアプローチをしなければ、一日の売上が0円になってしまう可能性がないとは言えないからです。

もちろん、私のアプローチがうっとうしく思われ、嫌がられた経験もあります。それでもアプローチすることによって、買わないように見えた人がお買上いただいた例を何度も見てきたので、アプローチの重要性を理解し、実行してきました。

このように、来店客数の少ない業界では、お客様が来てくれるということ自体の「ありがたみ」を知っているからこそ、それがアプローチという形になって表われてくるのです。

だからと言って、低単価の商品を扱っている人たちが「ありがたみ」を感じていない、というわけではありません。低単価かつ目的買いの多い業界では、接客がともすると不要な場合が多いものです。べったりと接客すると、逆にお客様に嫌がられてしまうため、フリーで見せているところがほとんどだと思います。

しかし、お客様がフリーで商品を探すことに慣れてしまった業界の恐ろしいところは、販売スタッフ自身がお客様のことを、ただの「買いに来た人」として位置づけてしまうところです。

それは、来店客数が多いから商品を並べていればお客様は来るだろうとか、自分がお客様だったら店員に話しかけられたくないから接客しないほうがいい、といった思いからくるのかもしれません。

アプローチは、お客様が来店してくれたことに対する喜びを伝える手段でもあるのです。もし低単価の商品を扱っていても、あなたが「お客様が来店してくれてうれしい」と思うのであれば、アプローチをしっかりおこなってみてください。きっとあなたの思いはお客様に通じるはずです。

◎何もしなくても来店者の多い業界は、アプローチを軽視する傾向にある

◎お客様が来てくださることへの感謝が、アプローチという形になってあらわれる

4-3 「接客」を考える

ヒアリング力は「人が好き」に比例する

接客が好きな人は、人そのものに興味がある人が多いようです。そのなかでも、次の三つのタイプに分けられるようです。

Ａ　人の話を聞くのが好き
Ｂ　自分が話すことが好き
Ｃ　人の話を聞いて、さらに質問するのが好き

Ａタイプの人は聞き上手なので、相槌を打ちながら、お客様にいい気分になっていただき、お客様の好みやほしがっているものを語らせることができます。しかし、お客様の話を聞くだけ聞いて、それに合致した提案ができない人が多いようです。これはお客様の話の中に、商品をお買上いただくための重要なヒントが隠されていることを理解していないからです。

Ｂタイプの人は少し問題です。なぜなら、「接客」は自分が話をすることではなく、あくまでお客様中心に話を進めなければならないものだからです。このタイプの人は、

話はできるけれど、意外と顧客が持てない人だったりすることがあります。面接時に「人と話すことが好きです」と言っている人は、自分の話をすることが好きなだけかどうかを見極めてから採用したほうがよさそうです。

この中で、Cタイプが最も販売スタッフに向いている人と言えます。もう二度と会うことはないかもしれないお客様に、お買い物のお手伝いをさせていただきたい、お客様に満足のいくお買い物をしてもらいたい、と思える人だからです。

販売スタッフもお客様も人間ですから、損得勘定抜きで「この人のことをもっと知りたい!」「もうちょっと仲よくなりたい」と思うことは多々あると思います。仲よくなりたいと思ったら、まず相手のことを知るために、いろんなことを聞くことからはじまります。仲よくなりたい、もっと知りたい、という想いが強いほど、ヒアリング上手になります。そうすれば、お客様のニーズがはっきりして買上につながるし、自分の顔を覚えていただくことや、再来店に結びついていくのです。

「このお客様はしっかりしているから長女かも」「生真面目でA型っぽいけど、本当は何型だろう」などなど、商品に関係ないこともヒアリングしたいと思えるような人が、優秀な販売スタッフと言えます。どこまで人に対して興味が持てるかどうかが、ヒアリング力をアップさせるためのポイントです。

4「接客」を考える4

商品提案力は「心遣い」に比例する

商品の提案というのは、販売スタッフにとって、なかなかむずかしい項目ではないかと思います。商品の提案は、接客の公式の中でも、販売スタッフとしての力量を推し量ることのできる、大きな見せ場です。この商品提案がむずかしい理由は、販売スタッフが、「商品の知識がないとお客様に馬鹿にされてしまう」とか、「好きでもないものを売りたくない」などと思っていることが多いからのようです。しかし、この時点で、すでに商品提案の考え方が間違っています。

一方、売れている販売スタッフは、商品提案時、商品を通して「別のもの」を提案して、「別のもの」を売っている、ということに気づいています。では、売れている販売スタッフが売っている「別のもの」とはいったい何でしょうか？

私が以前勤めていた宝石店で、ダイヤモンドの婚約指輪を売るのが非常にうまい男性スタッフがいました。

婚約中のカップルを接客している彼の話をこっそり聞いていると、彼はダイヤモンドのリングを女性のお客様の指にはめながら、こう言うのです。

「これからきっと何年か後には、幸せいっぱいのお二人の間にかわいいお子さんが生まれるでしょう（ここでお客様から笑いを取る）。小さなお子さんをベビーカーに乗せて、このエンゲージリングをつけて公園デビューするときも、結婚したことの幸せをかみしめることができますよね。そしてお子さんが幼稚園に上がるとき、入園式でお母さん方もきれいにキメますよね。そのときにもこのリングを身につけていてほしいんです。人生の節目節目の幸せを演出してくれるものとして、ずっと大事にしていただきたいと思いま

す」。

彼がこうした話をしている間、お二人は、彼の顔を見ながらじっと話を聞いています。なぜ、彼がエンゲージリングを売るのがうまいかというと、彼はエンゲージリングという商品を売っているのではなく、「エンゲージリングを身につけた幸せな結婚生活」を売っているからに他なりません。

このように、商品を提案するには、商品自体をアピールするだけでは不十分なのです。お客様が魅力を感じるシーンを提案することが最も大事だと言えます。それは、お客様が漠然と描いていたものを、はっきりとイメージさせてあげる販売スタッフの「心遣い」そのものなのです。お客様が本当にほしがっているものを提案したいと思うのであれば、「商品を売らない」ことからはじめてみてはいかがでしょうか？

◎売れる販売スタッフは、商品そのものというより、商品を通して「夢」を売る

◎お客様が何となく思い描いているイメージを、具体的な「夢」として語ろう

クロージングは「買いやすさ」に比例する

販売スタッフにとって、むずかしさナンバーワンのクロージングについてのお話です。クロージングとは、お客様に「購買の意思決定を迫る」という意味で使われています。こう聞くと、「何だか、押し売りっぽくてイヤだなぁ」と思いませんか？　ここでは便宜上クロージングと呼びますが、私はクロージングとは、お客様に「買いやすさを提案するキメゼリフ」だと思っています。

では、買いやすい状態とはどういった状態なのかと言うと、お客様はちょっとでも「ほしいな」と思った商品に出会ったとき、「ワァー、いいなぁ」と少なからず興奮するものです。この「ワァー、いいなぁ」を「これにしよう！」と思っていただけるようにするとき登場するのが、「買いやすさを提案するキメゼリフ」なのです。

このキメゼリフには四つのパターンがあります。効き目の強い順番からご紹介しましょう。ぜひ試してみてください。

■4パターンのキメゼリフを使ってみよう

【キメゼリフ1：ハッキリ・キッパリ言い切る】

「迷ったときはこっちにしてください」、「私はこちらのほうがお勧めです」とハッキリ自分の意見を伝える。販売スタッフの言い切る自信が商品の説得力を高めます。これがダントツで効き目のあるキメゼリフです。

【キメゼリフ2：自宅に持って帰るイメージを伝える】

「サイズがピッタリなので、そのままお持ち帰りになれますよ」、「ご自宅のハンガーにかけていると、ついついいつも使いたくなっちゃうような定番アイテムです」と、商品を購入して自宅に持って帰ったときのイメージを伝えます。

【キメゼリフ3：自分事例・他人事例を使う】

「お客様がご覧になっている商品、かわいいですよね。私どもスタッフのうち、3人も使っているくらいなんですよ」、「私も使っているんですけど、すごくはき心地がいいんです」と、使用体験を伝えることで、お客様の信頼度がグンとアップします。

【キメゼリフ4：ホメホメ攻撃】

「お客様の白いお肌には、この色が一番お顔栄えしますよ」、「繊細できれいなお指なので、この細いラインの指輪が一番お似合いですよ」と、さりげなく外見・体型などをほめながら、お客様に似合っている理由を伝える。女性はやっぱり、わかっちゃいるけどホメ言葉には弱いものです。

プラス一品のお勧め力は「販売スタッフの結束力」に比例する

お客様が「これ、ください」と言ってくださると、ホッと胸をなでおろしますよね。それから商品をレジに持って行って精算するわけですが、ちょっと待ってください。何か大事なことを忘れていませんか？　最近アパレルショップなどでは、お客様が商品の購入を決めた後、精算前に「他に気になるものはございますか？」というセリフが聞かれるようになりました。これが「プラス一品のお勧め」です。お客様がすでに「買う」という意思表示をしたにもかかわらず、まだお勧めするなんてとんでもない！　と思うかもしれません。

しかし、こうすることによって、「せっかくの機会だから、これもついでに買っておこう」というように、お客様の手間を省いてあげることができます。何もお店として客単価を少しでもアップさせる、といった考えだけでおこなうものではないということを知っておいてほしいと思います。

実はこのプラス一品のお勧めは、多くの場合、お店の販売スタッフ全員の結束力があってこそ初めて徹底できるものなのです。

その裏づけとなったのが、全国に十一店舗展開しているスポーツショップでの接客調査でした。ランニングシューズの接客を受けたのですが、まず一件目にうかがった広島店では、女性の販売スタッフが、ていねいに接客をしてくれました。「じゃあ、これにします」と伝えると、その販売スタッフはすかさず、「お客様、ソックスはお持ちでしょうか？」と言ってソックスの提案をし、ソックスは何枚あっても困らないものであることをアピールしていました。さらに、二件目の福岡天神店でも、購入を決めた後、販売スタッフが同じように「ソックスはいかがですか？」と聞いてきました。結局、全十一店舗の調査が終了した後、どの店舗でもソックスの提案をしていたということがわかりました。

後日確認したところによると、やはり全社をあげて、プラス一品のお勧めを積極的におこなっているということでした。その一番の理由としては、コーディネートしやすいものや付属品など、商品の情報を自分たちから発信することで、お客様にもっと快適なスポーツライフをエンジョイしてもらいたいからだそうです。このスポーツショップでは他にも、水着を買うお客様には必ずゴーグルをお勧めするなど、プラス一品の商品を上手にお勧めしています。

「他はよろしいでしょうか?」というあいまいな聞き方ではなく、商品名をあげて聞くことが大事です。アイテムごとに、これにはこれを勧める、というものをあらかじめ決めておくとうまくいきます。全スタッフが一丸となってプラス一品のお勧めをしていくことが、結果としてお店の売上につながっていくのです。

◎お買上いただいた商品と関連づけた「もう一品」のお勧めは、お客様にとっても助かる提案

◎「このアイテムには、これを勧める」というものを、店全体で決めておく

4 「接客」を考える 7

再来店促進力は「感謝」に比例する

たまたまお店に来てくださったお客様が、何らかの理由でまたお店に来てくださる。こうしてリピーターを増やすことは、どんな商売をしていても、とても重要なことです。お客様は、たまたま一度は来店してくださることはあっても、二度目のたまたまはありません。代わりになるお店はまわりにいくらでもあるし、どうしてもあなたの店に行かなければならないという理由はまったくないからです。

したがってどの企業や店も、お客様に再来店していただくために、ポイントカードをつくったり、名簿をとってダイレクトメールを送ったりと積極的にアプローチしているのです。お客様にお得な情報をお伝えするといった点では、こうしたサービスは非常に有効です。というのも、お客様が再来店してくださる理由は、①サービスの魅力　②お店と商品の魅力　③人の魅力の三つの要素しかないからです。

販売スタッフであるあなたの力で、再来店をうながすには、③の「人の魅力」をアップさせることが一番手っ取り早い方法です。あなた自身が、お客様にまた会いたい！　と思わせるほど、「魅力あるスタッフ」になる必要があります。そのためには「もう一度あの人と話がしたい」とか、「あの人なら無理を聞いてくれそう」と思わせることです。

「もう一度あの人と話がしたい」と思っていただくためには、お客様の話をしっかりと聞いてあげることと、話題の豊富さが大事になってきます。そのためには一章で紹介したネタ帳の引き出しがたくさん必要です。

「あの人なら無理を聞いてもらえそう」と思っていただくためには、退店時に必ずアフターケアについての説明をすることが大事です。「指輪もずっと使っていると汚れてきますので、クリーニングにいらしてくださいね」と伝えたり、「私が責任を持って担当させていただきますので、もし修理などが必要になったらお申しつけください」と言って、お客様に安心感を持っていただくことです。

「人の魅力」で来店してくださっているお客様は、他店に浮気をしにくいものです。二度目の来店がどれだけ価値のあるものかを心得ていれば、出会いを大事にし、印象に残るような接客を心がけるし、再来店をうながす言葉も自然に出てくるものです。奇跡に近い確率でのお客様の再来店を信じて、「感謝」の心を持って接客をしていくと、お礼にも似た自然な心配りの言葉が出てくるはずです。

4 「接客」を数字に落とし込む 1

接客を数字に置き換える「声かけキャンペーン」

横浜に本拠地を置く、六店舗で年商二七億円のスポーツ専門店でのお話です。そのスポーツ専門店では、とくに接客に力を注いでおり、「接客向上委員会」という名のミーティングをおこなっています。そのなかで、「うちのお店では最近、お客様に『すみませ〜ん』と声をかけられることが多い」という意見が出ました。

一般的にスポーツショップでは、べったり接客をせず、お客様が必要として、はじめて深い商品知識をお伝えする、という接客スタイルのお店が多いようです。

しかし、この販売スタッフの一言で、自店の接客レベルをもう一度見直そう、という動きが出てきました。そして、そのミーティング終了後すぐに、当時展開していた四店舗の全店で、「接客の声かけキャンペーン」を開催することになりました。ルールはとても簡単です。来店したお客様に対して、「いらっしゃいませ」の後に続くひと声をかけた数を個人個人でカウントしていき、その数を社長やアルバイトを含む一五〇人の全スタッフで競う、というものです。

■「声かけキャンペーン」はこのようにはじまった

第1回　声かけキャンペーンのお知らせ

　接客向上委員会からのお知らせです。最近、お客様に「すみませ～ん」と声をかけられること、多くないですか？　お客様の行動に気づいてあげられるように、スタッフの方から積極的にアプローチの言葉をかけるようにしましょう。「いらっしゃいませ!」「こんちには!」という挨拶の次に、「こちら、新しい商品なのでご覧ください」といったアプローチの声かけをおこなってみてください。

みなさんがお客様に挨拶とアプローチの声かけをすることによって、お客様やみなさんにとって、○○○全体が楽しいスポーツショップになり、スタッフ同士が認め合い、ほめ合う土壌をつくりたいと思います。みなさん一緒に明るく、「アプローチの声かけ」をしていきましょう!

参加者　：社長を含む全員（パート、アルバイトも含む）

期間　　：本日○月○日（木）から1ヵ月間。
各店で個人の集計を取り、各店店長は1週間分の数字を○○店店長までFAXする。○○店長より、毎週月曜日に各店にランキング表を送ります。

ポイント：いつもより少し元気よく挨拶して、怖がらずにアプローチするようにしましょう。挨拶の声かけで、お店の中を楽しい雰囲気にしましょう!

いらっしゃいませ、に続く言葉は「ご試着できますので、お申しつけください」、「こちら新商品ですので、ご覧くださいね」など、何でも構いません。その数を毎日メモ帳にカウントして、終礼で報告することを一カ月間続けていただきました。基幹店舗の店長が毎週、全店の販売スタッフのカウント数を集計して、一番声かけの数の多い人から一五〇名までの名前とカウント数を入れた順位表を出していました。

「いらっしゃいませ」の後に続く声かけという、誰にでも簡単に越えることができるハードルを用意することによって、「売上では負けるかもしれな

いけど、声かけだったら誰にも負けないようにしよう！」というように、販売スタッフのモチベーションを高めることができました。

この結果、この声かけキャンペーン後、お客様からの「すみませ～ん」が激減しました。

また、相乗効果として、サッカーならサッカー、バスケットならバスケットといった各担当者間の縄張り意識が軽減したというのです。バスケット用品をみにきているお客様に、サッカー用品の担当者がお声かけしてもいいじゃないか、というように、お客様を「店全体のお客様」ととらえることができるようになったのです。接客を個人の売上実績ではないところで「数字に落とし込む」ことによって、販売スタッフのモチベーションがアップし、接客の向上が図れたというよい事例です。

◎誰でもできる「声かけ」を徹底。
これでもう、お客様に「すみませ～ん」と言わせない
◎担当者間の縄張り意識も消滅。
売上至上主義ではできないこと

4 「接客」を数字に落とし込む 2

チェックリストで「接客」を採点しよう

あなたの接客は、一〇〇点満点中何点くらいでしょうか？　この質問に答えられる人ってそんなにいませんよね。でも、ちょっと考えてみてください。いったい、自分の接客はお客様から見て何点なんだろうって。「けっこうお客様からは好かれているけれど、売上にはあまり貢献できていないから六〇点」という人もいれば、「お客様とのつながりは薄いけど、一番単価の高い商品を売るのが得意だから八〇点」という人もいるかもしれません。

接客販売においては、もちろん売上数字をつくっている人が評価されるのは当たり前です。しかし、販売実績のある人の接客が一〇〇点満点かというと、そうではありません。接客を評価してくれるのは、何といってもお客様自身です。そのお客様からあなたの接客は何点をつけていただけるのか、考えてみてください。

私はいつも、販売スタッフの接客力を客観的に見るとき、「接客チェックリスト」というものを使います。お客様が来店してから退店するまでの流れで、「元気に挨拶することができているか」や「退店するお客様に対して『ありがとうございます』と言っているか」など、接客に最低限必要な項目を洗い出し、チェック項目をつくります。覆面調査をおこなう場合は、そのチェック項目ができているか否かを二点、一点、〇点の三段階形式でチェックしていきます。このチェックリストのおもしろいところは、接客を点数という数値に置き換えることによって、接客能力が客観的に判断できるところです。

あるご支援先では、自店の接客を客観的にみるということで、Aさんの接客チェックを、スタッフ同士で採点し合い、接客改善に努めていただいています。しかし、このチェックリストで満点を取れる人が販売力のある人かというと、そうともいえないところがあります。そこが、接客を数値で測るうえでのむずかしさともいえますが、販売力のある人は総じて、このチェックリストの得点は高い傾向にあります。買上率の高い人は、挨拶からきちんとできていることはすでに書きましたが、それと同じです。接客態度でお客様に文句を言われてしまったとか、正しい接客が何であるか知りたい、と思う方は、ぜひこのチェックリストで自分の接客に点数をつけてみてください。きっと自分では気づかなかった接客の落とし穴に気づくはずです。

■接客チェックリストの例

	大分類	中分類	チェック項目	評価
1	販売スタッフの魅力	待機姿勢	販売スタッフ同士で私語に夢中になっていないか	
2			什器の上を使って作業をしていないか	
3			店外を見つめるなど、お客様が入りにくい印象を与えていないか	
4		挨拶	お客様の入店に気がついているか	
5			笑顔で挨拶のお声かけをしているか	
6			お客様の顔を見ながら挨拶のお声かけをしているか	
7			挨拶のお声かけがスタッフ全員に徹底されているか	
8			すぐに話しかけず、自由に見せてくれる印象を与えているか	
9		言葉遣い	声が明るくハキハキしているか	
10			敬語を使うなどして、ていねいな言葉遣いをしているか	
11			「〜うん」「これはね〜」「〜じゃないですか」など、馴れ馴れしい口調で話をしていないか	
12	コミュニケーション力	アプローチ	アプローチの声かけはタイミングのよいものであるか	
13			「何かお探しですか？」など、お客様が答えにくい質問をしていないか	
14			季節の商品やお勧め商品を紹介するようなアプローチができているか	
15			アプローチの段階で商品の詳細を細かく言うなど、うっとうしい説明をしていないか	
16			商品を手に持っていたら、カゴを勧めたり試着を促すようなお声かけをしているか	

17	商品提案力	ヒアリング	お客様の話を十分聞いているか	
18			お客様の話をさえぎらず、最後まで聞いてから返答しているか	
19			事実を正直に伝えるなど、誠意が感じられる対応をしているか	
20		情報収集	お客様の髪型や化粧、服装や持ち物を接客中にほめているか	
21			「今日はお仕事ですか」などと声をかけ、お客様の個人的な情報でコミュニケーションを取ろうとしているか	
22			お客様のライフスタイルの情報を収集しようとしているか	
23			いつ・どこで・だれが・何を・どう使うといった、ニーズのチェックをしているか	
24		商品説明	お客様のレベルに合わせて説明をすることができているか	
25			商品の機能性だけでなく、使い心地を説明することができているか	
26			価格的な訴求より、商品価値の訴求ができているか	
27			自分自身や他の顧客の事例を使ってイメージがわく説明をしているか	
28			季節品は季節の着こなしを提案しているか	
29			商品のアフターケアの説明ができているか	
30		プレゼンテーション	お客様が探している商品を陳列している場所まで誘導しているか	
31			販売スタッフがその商品に惚れ込んでいることが伝わってくるか	
32			「この商品に目をつけたお客様はさすがだ」というメッセージを暗に含めたお声かけができているか	
33			なぜその商品がお客様に似合っているのか理由づけができているか	
34			鏡の場所を提示しているか	

「接客」を数字に落とし込む 3

「信者客」は何人いますか？

「あなたから買いたい！」「あなたからでないと買わない！」——こんな熱烈なファンを「信者客」といいます。あなたにはこんなお客様が何人いますか？　いきなりこんな質問をされるとドキッとしちゃいますよね。でも、改めて考えてみてください。

呉服屋に勤めているOさんは、いつも底抜けに明るく、パワー全開の楽しい女性です。お客様から支持される販売スタッフは、総じてお客様に負けない「パワーとテンション」を持っているものです。この販売スタッフが持つパワーとテンションが、買い物でハイになっているお客様のテンションより低いと、「お客様負け」してしまいます。しかし、Oさんの話しぶりや表情は、圧倒的にハイパワー、ハイテンションなので、この人は「売れる人だ」ということが一目瞭然でした。

いつもOさんから高額品を買ってくださるNさんに、なぜOさんとお店が好きなのかを聞いてみました。するとNさんはこう答えたのです。「私は、高校生の子供がいるくらいの年齢だけど、同年代の人たちのようなファッションはしたくないんです。

Oさんは私の年齢で浮いていないかどうかをはっきり言ってくれるし、私の好みも知ってくれているからラクです」。

Oさんは、歯に衣着せないトークで似合う似合わないをハッキリいいながら、お客様に似合うものを的確に提案することが上手でした。変にお客様を持ち上げたりしないけれど高圧的ではない接客で、どうやったらお客様がもっとステキにみえるかを真剣に考えていたのです。

笑顔と明るく大きな声があれば、信者客を一〇人はつくれます。パワーとテンションがお客様より高ければ、一〇人つくるのはカンタンです。人は、明るく楽しい人のそばに集まるものだからです。信者客を二〇人つくろうと思ったら、セールのご案内だけでなく、さらにお客様のことを気遣うような手紙を書く必要があります。三〇人以上つくろうと思ったら、電話やメールなどの来店以外の手段で、コミュニケーションの回数を増やす必要があります。五〇人以上つくろうと思ったら、あなた自身の提案センスがずば抜けて高いか、あなた自身がカリスマになるしかありません。

信者客の数を数字に落とし込むことによって、あなた自身の接客レベルを測ることができます。ご自分の魅力アップのためにも、ぜひ信者客を増やす方法を実践してみてください。

Chapter-5

「オンリーワン」のお店はこうつくる

To make it to a unique shop

51 助っ人導入でマンネリ化を防ぐ

お店の中で働いていると、突然むなしさに襲われることはないでしょうか？　毎日同じ売場に立って、同じ商品に囲まれて、同じ店のスタッフと仕事をするということは、しだいにマンネリ化していくものです。お店も商品もお客様も、本当はとどまるところを知らず、常に動いているということは頭ではわかっていても、「毎日同じことの繰り返しでつまらない」と、ため息をついてしまうこともあるかもしれません。

これはあなたのせいではなく、販売スタッフなら誰でも陥るマンネリ病です。店長はじめ他のスタッフもみな、一度は思うことなのです。

しかし、お店で働く販売スタッフが全員そう思っていると、恐ろしいことに売上は下がってきます。お店とはおもしろいもので、販売スタッフのモチベーションの高さで売上が決まってきます。お客様は、スタッフのモチベーションまで察知できる、ものすごいセンサーを持っているといえます。

そんなマンネリを打破し、売上をアップさせるための秘策があります。それは他店のスタッフと自店のスタッフを、三日〜一週間ほど交換してみることです。店舗展開していないお店では、一日だけでもいいので、経営者のツテで自店スタッフと同業種の知り合いのお店のスタッフとをトレードすることをお勧めします。

私が勤めていた宝石店は、七店舗展開しているローカルチェーンで、展示会などの大きな催しがあるときは、他の店で働く販売スタッフと一緒に接客する機会が年に数回ありました。会社で最も販売力のある店長の接客に聞き耳を立てていると、「あなた、これが一番似合ってたわ。これにしておきなさい」とか、「今日決めないと損よ」と、そのものズバリのクロージングトークをおこなっています。クロージングが大の苦手だった私は、こんなに

ストレートなことをいいながら、お客様を喜ばせている店長に畏敬の念を抱き、そのトークを真似しよう、と固く誓ったのでした。

また、クリスマスの繁忙期に応援に来てくれたスタッフは、カップルにこんなトークをしています。「彼からのプレゼントを選ぶ女の子は、『これでいい』という人と、『これがいい』という子に分かれるんですよ。彼女は『これがいい』とおっしゃったでしょう。それは彼女が素直な証拠なんですよ。ステキな女性を見つけましたね」。初めて聞く話に大いに刺激され、真似しようと思ったのはいうまでもありません。

このようにマンネリ化を防ぐためには、助っ人導入が効果的です。お店を活性化するためには、短期間でもいいので新しい血を送り込み、今まで体験したことがない新鮮な空気をつくりだすことが大事なのです。

◎「毎日同じことの繰り返し……」。こんな考えにとらわれたら、それはマンネリ病かも

◎新鮮な助っ人の導入で、お店に刺激を

5 2 お店に一冊、「お客様感動ノート」をつくろう

あなたのお店は、女性の販売スタッフが多いですか? 女性は男性よりも接客のプロセスを大事にする傾向があります。接客のプロセスとは、たとえば「お肌が弱くて困っているお客様が来店して、肌触りのよい素材を探していた。そこで私は、以前同じような肌の敏感なお客様にお勧めして喜ばれたものを伝えたら、たいへん気に入っていただきご購入いただけた」という、売れるまでの過程のことです。これがなぜ大事かというと、販売スタッフなら誰しも自分の接客を、他の人、とくに一番身近な同じお店で働くスタッフに評価されたいと思っているからです。

しかし現状では、「接客」というものは、売上数字という結果でしか評価されない場合がほとんどです。ところが、接客には数値化できない大事な部分もたくさんあります。低単価のものでも、お客様にとても喜んでいただける接客ができたときは、本当にうれしいものです。お客様に喜んでいただくことができれば自分もうれしいし、仕事がもっと楽しくなります。私はこれを、「楽しさスパイラル」と呼んでいます。

販売スタッフそれぞれが、お客様に喜んでいただいた出来事を分かち合い、お互いの接客のよさを認め合う環境をつくれたら、この「楽しさスパイラル」は倍増します。

このことを理解し、お客様との心に残る接客シーンをストーリー化し、お客様に紹介している会社があります。「リフォーム」という男性中心の業界で、女性の営業マンを組織化しているユニークな会社で、相模原市の「ロッキー」といえば、地域の人なら誰でも知っている繁盛店です。キッチンやお風呂などの使い勝手や収納スペースの提案など、女性の視点からのアドバイスが主婦の方々に喜ばれています。

「私のリフォーム物語」と題した小冊子には、接客のプロセスがイラスト入りでぎっしりと詰まっています。たとえば、障害を持っているご夫婦から、安心して生活できる家にリフォームしたいという要望を受け、町の助成金をもらうために奮闘したことや、目に障害を持つ奥様と言語障害を持つご主人と一所懸命にコミュニケーションをはかろうとした様子などが綴られています。このストーリーは、他のお客様と接するときにも活用しているそうです。

このように、お客様との楽しい出来事を書き込むことができる、「お客様感動ノート」を、お店に一冊つくるようにしてみてください。とくに女性のスタッフが多い会社にはお勧めです。

■接客のプロセスを紹介した「私のリフォーム物語」

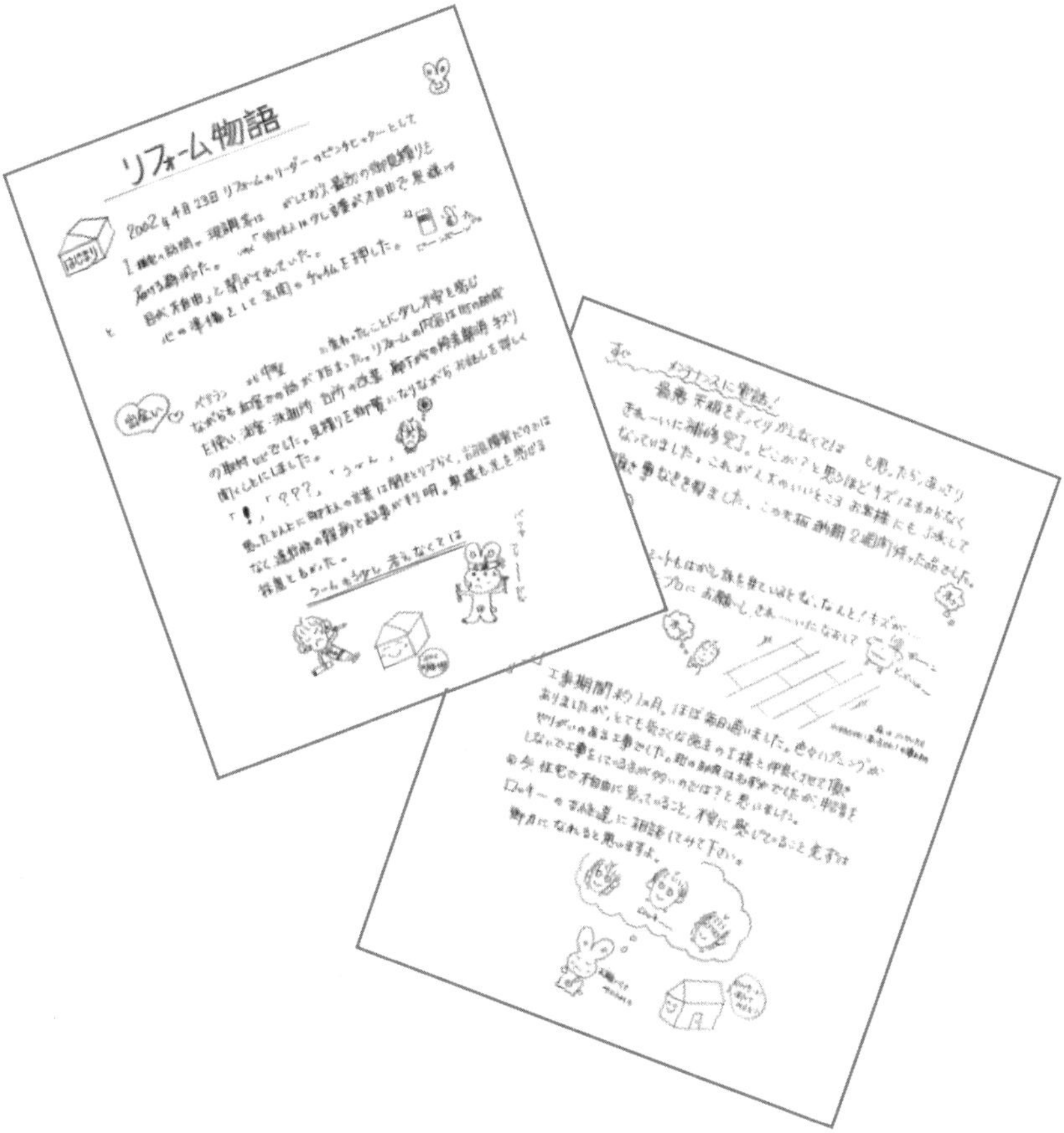

5-3 お勧め商品の「共有化」で経営意識を高める

あなたはお店で一番点数が売れている商品と、一番売上をつくっている商品が何か答えられますか？　また、それらが売上の何％の構成比を占めているかは？　この基本的な質問に、自信を持って答えることのできる販売スタッフは少ないようです。

お店で一番点数が出ている、低単価でお得な商品のことを「集客一番商品」といい、単価が高くてもよく売れて売上構成比の高い商品を「稼ぎ一番商品」といいます。集客一番商品はお客様が一番支持している商品なので、今あなたのお店で最もツイている「売れ筋商品」です。稼ぎ一番商品は、一番売上を立ててくれている商品なので、販売スタッフが積極的にお勧めすれば売れる「売り筋商品」といえます。

集客商品は、最もお客様を惹きつけている商品です。この集客商品の売れ行きをみていると、店頭にカッコよく置いたほうがいいのではないか、「今月の人気Ｎｏ．１」というＰＯＰをつけたほうがもっと売れるのではないか、他の商品と組み合わせてギフトセットなどをつくったらどうかなど、この商品をより伸ばすための方策がいろいろと浮かび上がってきます。稼ぎ一番商品に関しては、お店の売上を支えてくれているわけですから、その商品の取り扱いがあることをPOPなどでアピールしていく必要があるし、接客でも積極的に提案していく必要があります。

集客一番商品と稼ぎ一番商品を明らかにし、店のスタッフと確認し合ったら、次はこの二つの商品を一日にどのくらい売ったらいいのかを検証していきます。

集客一番商品が全商品の売れ点数の一〇％を占めていたとすると、一カ月の売上目標と一〇％をかけて出てきた数字が、集客一番商品で売らなければならない目標数値となります。集客一番商品の目標数値を単価で割ると、集客一番商品を一カ月に何点販売しなければならないのかがわかり、さらにそれを三〇日で割ると、一日当たりの販売点数目標が明らかになります。稼ぎ一番商品についても同様です。

当たり前のことですが、これら二つの商品は、絶えず変化するものです。一カ月前はハンカチが集客一番商品だったのに、今月は巾着袋だったりします。常にその時々で一番ツイている商品を見つけ、なぜこの商品が売れているのか、どうしたらもっと売れるようになるのかを知り、お店のスタッフ同士で分かち合い、お客様に提案していってください。

■「集客一番商品」と「稼ぎ一番商品」の販売目標

●A店では、風呂敷が点数的に一番売れていて、全商品の売れ点数の10%を占めていたとすると

600万 × 0.1 = 60万円

A店売上目標 / 風呂敷の点数構成比 / 風呂敷の売上目標

60万円 ÷ 1,500円 = 400枚

風呂敷の売上目標 / 風呂敷の平均単価 / 月間の風呂敷販売点数

400枚 ÷ 30日 = 13.3枚

月間の風呂敷販売点数 / 1ヵ月間 / 1日の販売点数目標

●A店では、新品着物が店で一番売上を上げていて、全商品の売上の50%を占めていたとすると、

600万 × 0.5 = 300万円

A店売上目標 / 新品着物の売上構成比 / 新品着物の売上目標

300万円 ÷ 10万円 = 30枚

新品着物の売上目標 / 新品着物の平均単価 / 月間の新品着物販売枚数

30枚 ÷ 30日間 = 1枚

月間の新品着物販売枚数 / 1ヵ月間 / 1日当たりの販売目標

5-4 「一客入魂！ ガッツでお見送り」できるお店になろう

「終わりよければすべてよし」というように、どんなによい接客をしても、最後のお見送りに心がこもっていなければ、その接客は形だけのものに終わってしまいます。

私は販売スタッフ時代、店頭まで出てお客様が角を曲がるまで頭を下げ、お見送りするのが会社としての方針でしたので、買わないお客様にも買っていただいたお客様にも、深々とおじぎをしていました。

とにかく、自分が提案した商品を買っていただいたことがうれしくて、退店していくお客様の背中を見ながら「ありがとうございます」と呪文のように唱えながら、あたたかな気持ちでお見送りしていました。

しかし何年かたつと、そんなピュアな初心を忘れてしまい、いつしか高い買い物をしてくださったお客様に対しては深々とおじぎをし、単価の低いものを買ったお客様に対しては、適当なお見送りですませている自分に気づいたことがありました。「お店に立ち寄ってくださって、本当にありがとうございます」という、自分の感謝の気持ちをお客様に対して表わす最後の手段がお見送りだとすると、それがまともにできないのは、お客様に感謝する気持ちが足りていないのではないか、と気づくまでにかなりの時間を要した記憶があります。このようにお見送りとは、スタッフのお客様に対する接客姿勢を映してくれる鏡のようなものです。

　このお見送りを徹底して実践することによって、多くのお客様から支持されている美容室があります。私はこの美容室に三年近く通っており、毎月二万円前後料金を払っているため、トータルすると六〇万円くらいは遣っています。しかしスタッフの方が私のことを特別に上得意様扱いしている様子はありません。なぜならこの美容室では、私が初めて来店したときから一貫して、「進さん、またお待ちしております」

とスタッフの方々が総出でお店から一歩出て、深々とおじぎをしながらお見送りをしてくれるからです。上得意のお客様であっても、初めて来店した人であっても、大事なご縁で結ばれたお客様であることをスタッフの一人ひとりが理解し、最初から最後まで礼を尽くすといった姿勢が、多くのお客様の心を動かしているのです。

きっとスタッフの方々は、お客様の背中を見送りながら、何度も「ありがとうございました」とつぶやき、人との出会いに感謝していることと思います。

一人のお客様それぞれに魂をこめて最後まで接客する「一客入魂」のこの美容室のお見送りは、私がピュアだったころを思い出させてくれます。お客様への感謝の気持ちをいつまでも忘れないために、お見送りはぜひしっかりとおこなっていただきたいと思います。

◎「お見送り」は、スタッフのお客様に対する気持ちが自然に表われる
◎買上金額の多少にかかわらず、すべてのお客様に「一客入魂」の初心を貫こう

55 新人スタッフのマル秘即戦力化術はこれだ

「新人スタッフが育たない」となげいている店長さんは多いようです。困ったときに助けを求めにくるのはいいのだけれど、もう少し自分で考える力をつけて、お客様と向き合う勇気を持ってほしいという気持ちは、ほとんど親心に近いものがあります。

そんなことで悩んでいる店長や副店長に朗報です。新人スタッフを即戦力化する方法があるのです。それは店長や店のＮｏ・２が不在の日を、わざとつくることです。

店長が他のスタッフに任せられないとか、私がいないと心配だ、と思っていればいるほど、スタッフの接客力は上がりません。なぜなら、よほど優秀な人でない限り、「やっかいなお客様が来ても、店長なら何とかしてくれる」と、店長任せにしているものだからです。

そして口では、「私がいなくても店が回るようになってくれたら……」という店長ほど、他のスタッフには任せられず、自分で自分の首をしめているパターンが多いようです。

■新入社員のレベルアップはこうする

こうすればうまくいく、という成功パターンを教える

小さな成功を積み重ねる

接客がうまくいく、接客の王道パターンを知る

接客が楽しくなる、モチベーションが上がる

自分なりの成功パターンを見つけ出す
独自固有のやり方を見つけ出す

お金の管理のこともありますから、新人にお店を任せるのはむずかしいかもしれません。まずは、新人スタッフに小さな成功体験を積ませることです。店長が「こうすればうまくいく」というテクニックを、新人スタッフに教えてあげてください。お客様に無視され続けて落ち込んでいるスタッフに、「アプローチの声かけは『何かお探しでしょうか?』ではなく、お客様が商品をさわってしばらく見ているとき、『春らしいピンクのカットソーなんですけど、着てみるととてもやわらかくて、着心地がいいんです』と言ったほうがいいよ」というように、成功パターンを伝えるようにします。

小さな成功体験を積み上げていくと、新人スタッフは、自分の接客に自信を持ちはじめます。するとと今度は、店長から教えてもらった通り

ではなく、自分なりのアプローチの声かけを探したり、客層別に声かけのパターンを変えるようになります。このように、ある程度新人スタッフが自分で考えて行動することができるようになったら、店長やNo．2が不在の日をつくるようにします。

新人スタッフにとっては不安な一日ですが、「今日は自分がしっかり売らないと」と、気合は十分です。知識がない分、熱意のある接客でカバーしようとする気持ちが通じるのか、店長不在日は意外と売上がよかったりします。

こうして、「自分が店を守った！」という新しい自信が生まれます。もちろん、クレームやわからないことは、すぐに店長に連絡を入れるように伝えておかなければなりませんが、何とか自分がお店に貢献できた、と思えることが新人の即戦力化につながるのです。

◎新人スタッフを即戦力にするには、店長や副店長の不在日をつくり、お店を任せること
◎小さな成功体験を積ませて、自信をつけさせると、うまくいく

56 嫌なことはしない、うれしいことをしよう

私は販売スタッフ時代から、他店の接客を観察することが好きでした。ブティックの声のかけ方、美容室の笑顔での対応、呉服店のチームワークでの待機姿勢など、業界別のちょっとした違いを発見しては、自分自身の接客を振り返っていました。

接客の基本は、「お客様には、自分がされたら嫌だと思うことはしない」ということです。しかしこんな当たり前のことが、あまり意識されていないように感じられます。たとえば、小売業や飲食業の現場で最近、「一万円からお預かりしてよろしかったでしょうか?」や「このような形になります」など、おかしな日本語を使っている人をよく見かけます。コンビニエンスストアでよく聞かれるというところから、コンビニ言葉と名づけられていますが、とくに年配のお客様にとっては、あまり気分のいいものではありません。しかし言葉グセの恐ろしいところは、他の人に感化されて、ついついい自分も使ってしまうことがあるということです。これは自分がされたら嫌なことなのに、お客様にそれをしてしまっているということです。

■お客様に、こんなことしていませんか？

× されたら嫌なこと	○ されたらうれしいこと
①入店時の声かけがない	①笑顔でお迎えしてくれる
②スタッフ同士がおしゃべりに夢中になっている	②すぐに話しかけず、自由に見せてくれる雰囲気をつくっている
③什器の上を使って作業をしている	③自分のことをほめてくれる
④答えづらいアプローチの声かけ	④ていねいな言葉遣いで対応してくれる
⑤はやり言葉や馴れ馴れしい言葉遣いで話しかける	⑤タイミングのよいアプローチや試着の声かけ
⑥希望している商品と合わないものを提案する	⑥話を聞いて、それに合った商品を提案してくれる
⑦自信がなさそうに見える	⑦コーディネートにセンスがある
⑧コーディネートにセンスがない	⑧レジなどで待たせない
⑨無理に買わせようとする	⑨ステキなラッピングを無料でおこなってくれる
⑩包装が雑	⑩雨の日に紙袋を二重にしてくれる
⑪レジなどで待たせる	⑪商品を渡すときは両手でていねいに渡してくれる
⑫お見送りにていねいさが感じられない	⑫笑顔でお見送りの言葉をいってくれる

「何かお探しですか?」というアプローチも、お客様がされたら嫌なことのうちに入るし、精算時に釣銭をお渡しするとき、お札の向きを揃えないことも、気にするお客様にとっては嫌なことのうちに入ります。細かいようですが、こうして考えてみると、お客様にとって嫌なことをしていることって、結構あるものです。

お客様が嫌がることをしないようにするためには、自分で自分の接客を客観的に見ることが必要です。そのためには、他の店で接客をたくさん受けてみることです。「お客様はぁ～、テイスト的にこちらのほうがぁ～、似合うと思うんですよぉ～、ウン、ウン」というように、一方的に自分の意見を押しつける接客をする人もいるし、「若いのに大きなダイヤお持ちなんですね」と、ほめているんだか嫌味なんだかわからない人がいたりします。こんなスタッフに出会うと、「こんな接客は真似しないようにしよう」と教訓めいたものを感じることができます。この経験は後ろ向きのものではなく、むしろ自分の接客をレベルアップしてくれる大事な経験なのです。

また、自分がされたらうれしいことも、他店の接客から学ぶことができます。雨の日に紙袋を二重にして濡れないようにしてくれるとか、いつもほめてくれるなど、自分がされたらうれしいことを探してみてください。自分だったらこうされたいという想いを、あなたの接客の中に活かし、それをお客様に届けてください。

5 7 モニター会でモチベーションをグングン上げる

東京に本社を置く高級スポーツクラブの支配人から、最近会員数が減って困っている、という相談を受けました。「いったい何が原因かよくわからない。お客様モニター会を開いて、第三者的な立場から率直な意見を聞いてもらえないか」というご要望でした。会員制のそのスポーツクラブは、比較的高い料金を取っているだけあって、プールが広くてジムの設備も新しく、ハード面では文句のつけようがありません。館内を案内してくれたフロントスタッフもていねいで細やかな対応ができており、「こんなにハード面・ソフト面とも充実しているのに、何でかなぁ」と思いつつ、弊社の司会進行のもと、お客様モニター会を開始しました。

あるお客様が「私は腰痛持ちで、近所の病院の先生からプールでウォーキングするように勧められてきたの。でもここのインストラクターは、自分が先生気どりで教えているみたい。私は水泳がうまくなるためにきているんじゃないのに」というと、他のお客様もその意見に同調しています。これはインストラクターが、お客様のニーズを把握していなかったことが原因で起こってしまったものでした。このクラブでは、フロントスタッフというよりはむしろ、インストラクターのほうに問題があって、退会率がアップしたことが浮き彫りになりました。

また、多くのお客様がこのスポーツクラブに通うようになった理由は、プールの広さでした。以前通っていたスポーツクラブは、芋の子を洗うような感じで狭かったのに、ここのプールは広いという理由で選んでいた方が非常に多かったのです。

しかし、私が接客調査をおこなったとき、フロントスタッフからはプールの長さとコース数の説明だけしかありませんでした。これでは入会率が上がりません。

多くの人が支持しているプールという強みを説明するときは、「ご覧の通り、私どものプールは非常に広いので、ゆったりと使っていただけます。他のお客様からも、広くてお水がキレイだってご好評をいただいているんです」と言ってアピールしたほうが、お客様の印象に残るというものです。

また、レストランのメニューが少ない、駐車場の時計が止まっているといった意見も出てきました。このように、お店がうまくいかない原因を一番よく知っているのは、社長でも従業員でもなくお客様ご自身です。多少の経費と時間を使ってでも、こうしたモニター会を開くことによって得るものは少なくありません。

■モニター会開催マニュアル

1．人数

①年齢・性別・会員種別・在籍年数にバラつきがあったほうがよい。

(若年層、主婦、社会人、学生、年配層)

②お客様の意見がまとまりやすいので、1グループ10人以内にする。

③自店スタッフに、モニター会の2週間前から一人当たり何人集客するかというノルマを与える。

④当日の参加率を上げるため、モニター会前日にはお客様に電話をかけて最終確認をおこなう。

⑤モニター会に参加されるお客様に会場の地図を手渡し、もしくは自宅にFAXを送る。

2．時間帯

①多くの方が集まりやすい曜日、時間帯を選定する。

②仕事帰りのお客様の都合に合わせて、19時以降に開始するグループをつくる。

③1グループ90分程度の時間を設け、延長やその後のグループの交代を考慮して30分の余裕をつくる。

3．謝礼

①ご参加くださるお客様に、謝礼として1,000円～3,000円の商品券などをお渡しする。

②店の物販品が買えるギフト券などをお渡しする。

4．会場設営

①机をロの字型の配置にする。

②他スタッフの席を、お客様の席から目立たない位置に置く（机1個、イス1個)。

③受付席を入口付近につくる（机1個）。
④机の上に、アンケート用紙とボールペンを人数分置く。

5．司会

①司会者はお客様に安心感を抱いていただくために1名で行なう。
②他スタッフがお客様の話を書き留める。
・お客様の発言を書き留めている様子が目立たないように、お客様の席から離れた場所で筆記する。
③司会進行の注意点
・アンケートをもとに、まずお客様一人ひとりにアンケートの答えについて聞く。
・お客様が答えやすい質問を聞き、発言しやすい雰囲気をつくる。
・お客様の名前を呼び、全員の名前と顔が一致するように心がける。
・ 公平に意見が聞けるように、発言の少ないお客様は指名する。
・発言の偏りをなくすため、一人がいった意見に対して他のお客様がどう思うかをお聞きする。

6．モニター会のフィードバック

①ひと通り終了したら、改善できるできない、いつまでに解決できるのかなどの「答え」を即答する。
②これからも、お客様にとって過ごしやすいお店作りを目指していく意思があることをお伝えする。
③次回も、こうした機会を持つようにすることをお伝えする。

5-8 「お客様交流会」でもっと接客を楽しむ方法

ご支援先のアンティーク着物店「WAKON《わこん》」では、お客様に着物ライフをもっと楽しんでいただくために、「WAKON倶楽部」という、お客様と販売スタッフの交流の場をつくっています。せっかく着物を買っても、冠婚葬祭などのフォーマルな席でしか着る機会はほとんどないのが現状です。このWAKON倶楽部は昔ながらの制約にとらわれず、ふだんの生活に着物を着て、着物をもっと身近に感じてほしいというお店のスタッフの想いから発足しました。

呉服専門店のようにVIPのお客様を京都に連れて行って、歌舞伎を見たり懐石料理を食べて、最後に高い着物を買ってもらう、というものとはちがいます。企画はお店とリーダー格のお客様がつくり、特別な場所ではなく、ふだん行くところに着物で行く、といったことが基本コンセプトです。二〇代〜三〇代の若い女性が中心で、食事代や交通費などの一切はお客様持ちです。

第一回目はインドネシア料理を着物姿で食べに行くという企画を打ち出し、店頭ビラをつくって配布しただけで、参加者が二〇名余り集まりました。姫路城をバックに着物姿の女性が大勢闊歩する姿はとても華やかで、道行く人の注目の的で、新聞記者が取材に来るほどでした。

第二回目は、阪神タイガースの優勝を記念して、着物姿で御堂筋のパレードに参加しました。第三回目は、お茶室のあるアートギャラリーを貸し切って、お茶会を開きました。お店のスタッフが車を出し、お弁当を持ち込みにして、和室の雰囲気を味わいながら楽しくいただきました。着物を着ているだけで、リッチな気分が味わえたり、ホッコリなごんだりすることができるのです。

お客様同士も、初対面なのにすぐに仲よくなることができ、着物にハマッた理由や自分の着物の自慢をするなど、とても楽しい時間を過ごすことができました。お客様にとって本当に楽しんでいただける場をお店側がつくっていくといった姿勢に、お客様は誠実さを感じ、より一層お店のファンになってくれます。ファンになってくれたお客様は、このお店をもっと有名にするために友達に口コミしてくれるのです。

こうしたお客様とお店がともに喜びあえる場をつくっている企業は、当然のことながら成長しています。接客を、そして自分の仕事をもっと楽しみたいと思うのであれば、まずお客様と一緒に楽しむ方法を考えてみてはいかがでしょうか？

To make it to a unique shop Chapter-5
「オンリーワン」のお店はこうつくる

■WAKON倶楽部

59 「本当の接客」は販売の後から始まる

私は、宝石という商品がとても好きです。宝石を売っていたころは、商品を包装しながら、「かわいがってもらいなさいよ。そして、お客様を幸せにしてあげなさいね」と商品に話しかけていました。

自分が一所懸命検品したり、売れるためにがんばってディスプレーした商品を、お客様が「ステキだな」と思って買ってくださるのは、販売スタッフにとって本当に喜ばしいことです。しかし、それだけでは販売スタッフとして失格です。売れたことにだけ大ハシャギしている人は、アフターフォローを人任せにする「売ったら売りっぱなし」の人が多いようです。それでは、お客様の信頼をつかむことができないし、何より接客の本当の喜びを感じることはできません。

接客の本当の喜びとは、お客様が商品を愛用しているという事実を、お店に来て直接伝えてくれることです。「進さんが選んでくれた指輪、本当にかわいくて、いつも肌身離さずつけているの」といってもらえるうれしさは、何物にもかえがたいものがあります。そういう経験が多ければ多いほど、お客様にいつまでもその商品を大事に使っていただくため、商品のアフターケアをしっかりしていこうという姿勢が芽生えてきます。

大事にしていた商品が、お客様に愛されている、お客様の役に立っていると思えたら、仕事に誇りを持つことができます。本当の意味での接客とは、まさに「販売の後にある」ものではないでしょうか。

販売スタッフとは、商品というスターをバックアップするプロデューサーみたいなものです。お客様に見初めてもらうために、商品を目立たせ、精いっぱいいいところをアピールするなど、スターを何とか輝かせるようにがんばるところが接客販売の楽しさです。

そして輝いたスターが、お客様の生活を豊かにしたり、幸せな気持ちにさせたりするところまで見届

けるのが、プロデューサーとしての使命なのです。

お店のことを愛し、商品を好きになり、お店のスタッフとチームワークを発揮してお客様に「幸せ」を届ける、こんなステキな仕事に誇りをもってほしいと思います。

あなた自身が接客という仕事を楽しむことができなければ、お店のスタッフも商品も、そしてお客様も楽しませることはできません。

現場にはいろんな販売スタッフがいて、いろんなお客様がいます。それぞれのお客様の求めていることに応えようと、それぞれの販売スタッフが日々奮闘していることと思います。

これまでご紹介させていただいたテクニックを使って、一人でも多くの人が、一日でも早く「接客」という仕事を心から楽しんで活躍してほしいと思います。

◎接客の仕事は、売ったあとにはじまるともいえる。お客様が商品を愛してくれるかどうかが勝負
◎接客は楽しい仕事。あなたが楽しいなら、お客様も楽しいと思ってくださる

進　麻美子（しん　まみこ）

1977年生まれ。福岡県出身。北九州大学経済学部卒業後、3年間、宝石店の販売スタッフとして勤務。2002年船井総合研究所入社。

アパレル・呉服・宝石・下着・結婚式場・スポーツクラブなど、主に女性客をターゲットとした業界の経営支援に携わる。前職の経験を活かし、小売・サービス・医療業界において、「接客を10倍楽しくする！」ことをテーマとした講演を、全国各地で精力的に行なっている。女性ならではの発想と緻密な調査に基づいた視点からの販促・売場・接客提案は高い評価を得ている。170cmの長身・低音ボイス・宝塚の男役のような風貌と現場視点のわかりやすく熱意あふれる説明で、女性スタッフから絶大なる支持を得ている。

2007年船井総合研究所を退職。

【問い合わせ先】（講演・接客研修依頼・経営相談・調査依頼など）
E-mail shin-mamiko@tim.hi-ho.ne.jp

売れる販売スタッフはここが違う

平成17年 4 月28日　初版発行
平成24年 1 月31日　 9 刷発行

著　者　進 麻 美 子
発行者　中 島 治 久

発行所　同文館出版株式会社
東京都千代田区神田神保町1-41　〒101-0051
電話　営業03（3294）1801　編集03（3294）1803
振替　00100-8-42935　http://www.dobunkan.co.jp

ISBN4-495-56771-3

印刷／製本：壮光舎印刷
Printed in Japan 2005